Marie Binet · Roseline Jadfard
Drei Teller und ein Baby

Zur Hochzeit wünsche ich Euch alles Gute:

Viel Erfolg in Hamburg,
viel Glück
und
viel Spaß beim Nachkochen!

Katharina

Kassel im September 1999

Marie Binet und Roseline Jadfard

Drei Teller und ein Baby

150 Rezepte für die neuen Eltern

Illustrationen von Pascale Laurent

Kabel

Titel der französischen Originalausgabe:
TROIS ASSIETTES ET UN BÉBÉ
150 recettes pour les nouveaux parents
Éditions Jean-Claude Lattès, Paris

ISBN 3-8225-0362-2
2. Auflage 1998

Aus dem Französischen übersetzt von Albrecht Winterberg
Illustrationen von Pascale Laurent
Umschlag: Theodor Bayer-Eynck
Satz aus der Garamond (Linotronic 500)
Gesamtherstellung: Clausen & Bosse, Leck
Printed in Germany

Für Alice und Lucie,
die dieses Buch verschlungen haben,
bevor sie lesen konnten

SPEISEKARTE
Sellerie
Kalb
Speisekarte, vom Baby gemalt

Roseline, Daumesnil, 14 Uhr 20

Bei tausend habe ich aufgehört, die Kinder zu zählen, denen ich auf die Welt geholfen habe. Entbindung klassisch oder sitzend, aufrecht stehend, hockend, auf den Knien, im Wasser…

Kurzum, ich kann sagen, daß ich tausend Kinder entbunden habe, oder genauer tausend und eins: das Kind nämlich, das mich selber hat eintauchen lassen in die Schrecken von »Windel und Fläschchen«, das mich aber auch immer wieder in Erstaunen versetzt: meine Tochter… Bevor sie da war, hatte ich so viele Bücher gelesen, so vielen Eltern zugehört, an so vielen Seminaren teilgenommen… Ich hatte mir eingebildet, daß es auf diesem Gebiet nichts mehr zu erfinden gäbe, daß das Wohlbefinden eines Babys nur von ein paar grundlegenden Weisheiten abhinge. Aber dann? Dann, bei ihr, deren erste Worte zwischen »miam-miam« (gleichbedeutend mit »mmh, das schmeckt«) und »maman« keinen Unterschied zu machen schienen, habe ich verstanden, daß die Ernährung eines Kindes mehr ist als nur eine Angelegenheit der Medizin.

Marie, Grenelle, 21 Uhr 30

Bähh, würghh… den Kleinen fällt es häufig leichter, ihr Mißfallen zum Ausdruck zu bringen, als zu sagen, daß es ihnen schmeckt, daß sie etwas besonders gerne mögen. Vor allem dann, wenn sie zu essen gezwungen werden.

Erinnern Sie sich noch, wie eklig Sie es als Kind fanden, wenn so ein gemeines Stück Fleisch wie Kaugummi in einer Backentasche hängenblieb und es völlig unmöglich war, es herunterzuschlucken? Ich mußte erst das Erwachsenenalter erreichen, um zu verstehen, daß eine Mahlzeit keine Strafe und daß die vornehmste Aufgabe der Kochkunst nicht nur die ist, Nahrungsmitteln Geschmack zu geben und sie verdaulich zu machen, sondern daß Feinschmeckerei und Liebe zum Kochen wahre Lebenskunst bedeuten. Und so widmete ich mich dieser Kunst voller Leidenschaft, habe mir geschworen, nicht zuzulassen, daß meine Tochter wegen ihrer netten Rundungen beleidigt wird. Denn sie wird hübsch sein, alle Küchen dieser Welt lieben, alle Geschmacksrichtungen, die ganze farbliche Vielfalt, und ihr steht ein wunderbares Leben bevor…

Einführung

Aber das ist doch nur der Darmtrakt! Dieser Angstschrei, ausgestoßen von einem jungen Vater, der mitten in der Nacht, von einem ganzen Arsenal an Babyflaschen, einem Karton voller Windeln und anderem Zubehör des perfekten Säuglings angefallen und überrollt, hochschreckte, ist nicht nur Ausdruck einer belustigenden Eifersucht: Es spielt sich nun mal alles Wichtige in der Bauchgegend ab, in den ersten Augenblicken des Lebens wie auch nicht selten noch sehr viel später...

Von Lucullus bis Bocuse ist die Gastronomie, eingestuft als eine der Schönen Künste, nicht nur erster Ausdruck der Kultur. Sie ist gleichermaßen notwendig für alle Menschen, strebt sie doch danach, die Summe der ihnen zugedachten Vergnügen zu erhöhen. Sie steigert die Freuden der Liebe und das Vertrauen der Freundschaft und begleitet uns unser ganzes Leben lang, kurzum, sie stimuliert unsere Fähigkeit zum Glück.

Das Wort ›Kochkunst‹ mag uns erschrecken, denn es erinnert, zu Unrecht, an die Schlemmergelage früherer Tage, und unsere Leserinnen und Leser sehen sich sogleich in eine Hölle aus Kochtöpfen gestürzt, aus denen üppige oder allzu komplizierte Gerichte herausbrodeln. Mitnichten! Die Autorinnen dieser Sammlung sind, wie Sie, geschäftig und in Eile und wissen Qualität ebenso wie Einfachheit sehr zu schätzen.

Selbstverständlich steht es nicht zur Debatte, dem Baby ein Bœuf bourguignon oder eine sahnetriefende Crèmeschnitte aufzutischen, aber warum nicht an einem Festtage, wenn es vielleicht acht Monate alt ist, eine frische Auster, eine Hummerzange, Huhn mit Ananas, Nudeln mit frischem Gemüse, ein Püree aus Früchten...

Wir schlagen einfache, schnelle und leicht verdauliche Rezepte vor, die mit Mixer, Backofen, Mikrowelle oder Schnellkochtopf zubereitet werden. Verdaulich ist eine Küche, die dem Körper Energie liefert, ohne den Organismus zu ermüden.

Die junge Mutter verläßt heute die Entbindungsstation mit

einem fotokopierten Papier, das Vorschriften für eine Diät enthält. Diät? Aber warum? Das Baby ist nicht krank, es ist ein kleiner Mensch, der sich in seiner Nahrungsaufnahme vom »flüssigen« Alter (die ersten 3 Monate) über das »dickflüssige« Alter zum »festen« Alter (ab dem 5. Monat) vorarbeitet. Der Standpunkt des Kinderarztes ist strikt medizinisch, der Geschmackssinn Ihres Kindes interessiert ihn nicht, und dennoch...

Das Kind reagiert von Geburt an auf bestimmte Geschmäkker, sei es mit einer Mimik, die wir als zufriedenes Lächeln interpretieren, oder im entgegengesetzten Falle als eine Grimasse: Der Säugling kneift die Lippen zusammen, legt seine Nase in Falten oder flattert mit den Augenlidern. Warum sollten wir solche wunderbaren Kompetenzen einfach brachliegen lassen? Babys lieben die Vielfalt. Lassen Sie das Baby im »flüssigen« Alter Sojamilch, Mandel- oder Honigmilch kosten, geben Sie ihm ein wenig Frischkäse mit Quellwasser versetzt. All das ist eine Frage der Menge, der Zusammensetzung und der Ausgeglichenheit der Ernährung. Die Anregung, sich zum Feinschmecker zu entwickeln, ist der erste Liebesbeweis, den Sie Ihrem Baby geben können.

Der Geschmack ist zugleich eine sinnliche, kulturelle und affektive Angelegenheit, für die Säuglinge aber ist er der wichtigste Sinn, da er auch die anderen Sinne weckt: Geruchssinn, Tastsinn, Gehör und Gesichtssinn.

Das Neugeborene weiß noch nicht, was ›gut‹ oder ›schlecht‹ schmeckt; bis zum Alter von zwei Jahren sind Sie es, die mit Ihrem eigenen Geschmack interpretieren und beeinflussen, ob die Speisen angenehme oder eher unangenehme Eigenarten besitzen. Es ist der ideale Zeitpunkt für Eltern, über die Ausgeglichenheit einer Mahlzeit, über die beste Art, sich zu ernähren, nachzudenken. Eine Zeit, die für alle wohltuend sein kann, denn wenn das Kind auch nicht immer ißt, was Sie essen, so können im Gegenteil Sie alles essen, was das Kind ißt. Parallel zum Wachstum seiner Zähne, bis zum Ende des zweiten Lebensjahres, werden Sie mit Ihrem Kind ein ganzes sinnliches Universum wiedererforschen, den Geschmack jedes einzelnen Nahrungsmittels wiederentdecken, neue Verbindungen ausprobieren zwischen roh und gekocht, salzig und süß, sauer und bitter, zwischen den Geschmacksrichtungen, den Gerüchen, den Aromen, den Konsistenzen.

24 Monate, und alle seine Zähne sind da, oder fast alle... Ihr Kind, dieser Held, dieses kleine Sie-selbst, Träger aller Ihrer Hoffnungen, ernährt sich – auch wenn es manchmal Frosch oder kleine Krabbe genannt wird – nicht von Regenwürmern oder Plankton. Obwohl... Nein, es mag richtig gutes Essen und Trinken, es ist schon ein Feinschmecker.

Sein Kind richtig ernähren: Eine ausgezeichnete Idee!

Es ist das Los der Mütter, von guten Ratschlägen geradezu erschlagen zu werden. Haben Sie die wunderbare Frucht Ihrer Liebe einmal in die Welt gesetzt, scheint es, daß alle anderen kompetentere Sachverständige sind als Sie selbst in Fragen der Ernährung dieses einzigartigen Wesens, dieses Winzlings, der nichts gemein hat mit dem Kind der Nachbarin, der Schwiegermutter, der Schwägerin, der Hebamme, des Kinderarztes oder der Kinderpflegerin... oder selbst mit jenem außergewöhnlichen kleinen Krümel, der Sie selber waren in Ihren ersten Lebensjahren.

Da ist die Fachliteratur immerhin ein Lichtblick in dunkler Nacht. Voller Zuversicht stürzen wir uns auf die hehren Worte des Meisters, der endlich Entscheidungen trifft. Doch dieser Lichtschimmer war nur eine Illusion, und wenn Sie neugierig genug waren, mehrere Werke zu konsultieren, dann konnten Sie gewiß feststellen, daß je nach Autor die »beste Methode« niemals dieselbe ist.

Eine kleine Auslese:
»Wechseln Sie die Milch«: Alle Kinder haben früher oder später eine ›Kolik‹, Schluckauf oder Aufstoßen... Wer immer

Zeuge dieser kleinen Beschwerden ist, wird stets eine Milch kennen, die besser ist als Ihre.

Es ist jedoch nicht so, daß die Milch X, weil sie dem Baby Y sehr gut bekommt, auch unbedingt für Ihr Baby die ideale Milch sein muß.

Wechseln Sie vor allem nicht die Milch: Das ist der Rat des Kinderarztes. Er hat keinen Vertrag mit dem Hersteller der Milch, die Ihnen suspekt vorkommt, aber er glaubt zu wissen, daß die klassischen künstlichen Milchprodukte bis auf geringe Unterschiede praktisch identisch sind. Wozu also wechseln?

Auf den Entbindungsstationen werden ohne Unterschied im Handel befindliche Markenprodukte verwendet. Seien Sie unbesorgt, wenn die verordnete Marke Ihnen nicht zusagt, Ihr Kind kann problemlos die Milch wechseln.

Warnung vor der Karotte: Sie enthält zu viele Nitrate, das ist nicht gut fürs Baby. **Geben Sie ihm die Karotte**: Sie regelt den Darmverkehr, sie enthält zahlreiche Vitamine, insbesondere Vitamin A, sie ist ein perfektes Nahrungsmittel.

Die Karotte ist ein vorzügliches Gemüse (das man auf jeden Fall aus biologisch kontrolliertem Anbau kaufen sollte!), aber man sollte es nicht übertreiben. Wenn Ihr Kind eine orangegelbliche Hautfärbung entwickelt, haben *Sie es übertrieben.*

Weg mit der Mikrowelle, sie verändert die molekulare Struktur der Nahrungsmittel *(wie übrigens alle Kochmethoden).* **Es lebe die Mikrowelle**, welch ein Zeitgewinn!

Sojamilch ist empfehlenswert für Babys, die allergisch auf Kuhmilch reagieren. Sojamilch: Vorsicht, Koliken!

Geben Sie ihm Fleisch ab dem 4. Monat. **Kein Fleisch** vor dem 3. Lebensjahr. **Alle Mehlarten** sind unverdaulich und schaffen die Voraussetzungen zur Fettsucht. **Füttern Sie Getreidebrei.** Es gibt nichts Besseres für Babys. **Vermeiden Sie Konserven. Fertiggerichte** sind praktisch und ausgewogen in ihren Nährwerten.

Selbst wenn sie weniger Geschmack hat als frische Produkte, ist **Tiefkühlkost** *doch besser als die alten Essensreste aus dem Kühlschrank.*

Während der letzten 15 Jahre hat sich die Ernährungswissenschaft des Säuglingsalters stetig weiterentwickelt. Um gut und richtig zu essen, genügt es, einigen einfachen Regeln zu folgen. Jenen eines Kinderarztes beispielsweise, der Ihnen Vertrauen einflößt. Unsere Kinderärztin erklärt sich am Ende des Buches.

Unser Rat, der letzte:
Ihr Kind ist weder ein Außerirdischer noch eine Kosmonautin: Seine Nahrung darf aus anderen Dingen bestehen als aus Konserven und Glastöpfchen mit Fertignahrung. Da Ihr Baby keine vorgefertigte Meinung hat, ist es bereit, sich mit Ihnen auf die Freuden des Kostens und Probierens einzulassen und kleine Gerichte zu entdecken, die ausgewogen, voller Geschmack und einfach vorzubereiten sind.

Kochkunst für Neugeborene: Aber wie?

Die Kunst guten Essens schließt alles ein, was die Speisen begleitet: Liebe, Zusammensein, Humor, Lebensfreude und selbst die Ästhetik.

Die beste Art, eine gute Köchin, ein guter Koch zu sein, ist die, welche Ihr Kind davon profitieren läßt. Das bedeutet, gut organisiert zu sein und sich auf dem langen Weg des Schmekkens und Probierens der Neugeborenen von einer guten Küchenausrüstung unterstützen zu lassen.

Die Küchengeräte gelassener Eltern

Das Baby plappert, es hat einen langen Mittagsschlaf gehalten, es hat einen trockenen Po, noch tun ihm keine Zähne weh, es ist friedlich, es ist das lebendige Bild der Glückseligkeit. Selbst die alte Tante, die ihm gerade ein völlig unpassendes Stück Babywäsche mitgebracht hat, durfte Baby einen Kuß geben. Aber plötzlich ist da dieses Klarmachen zum Gefecht! Mit lautstarker Kraft manifestiert das Balg seinen dringlichen Hunger, brüllt und tobt. Zu Hilfe! Her mit Babyflasche und Fläschchenwärmer! Wir nehmen das Baby in den Arm, wiegen es, klopfen ihm sanft auf den Bauch, tun die 100 Schritte in die Küche, bis wir schließlich soweit sind, ihm den Sauger in den Schnabel zu schieben, den es gerne ganz und gar verschlingen würde, uff!

Wie viele Matrosen und Kapitäne, wie viele Mütter und Väter sind drauf und dran, während der endlosen Minuten, die der Fütterung des Raubtieres vorausgehen, das Schiff zu verlassen.

Der Mikrowellenherd

Den Perfektionisten die kaputten Nerven, den gelassenen Eltern die Mikrowelle. Und wenn die alte Tante ihnen eine schenken würde? Das Fläschchen zu wärmen dauert damit nur 30 Sekunden, und Sie können dann auch gleich Ihren Morgenkaffee aufwärmen...

Junge Eltern haben nicht die Zeit, stundenlang am Herd zu stehen, ständig Töpfe und Teller zu spülen und die ganze Batterie von Küchenutensilien aus- und einzuräumen, mehrere Gerichte für jeden einzeln vorzubereiten und noch mit dem Kind herumzuschmusen etc. Mütter haben auch nicht unbedingt einen Lebensgefährten, der täglich als Chefkoch disponibel wäre. Die Kürze der Kochzeiten in der Mikrowelle und ihre einfache Bedienung gestatten uns die Zubereitung von Fisch, Gemüse, Kompott, Aufläufen, Saucen auf gesunde, leichte, vorzügliche und schnelle Weise. Das ist der Grund, warum wir sie in vielen unserer Rezepte benutzen.

(Bei den für die Mikrowelle angegebenen Garzeiten beziehen wir uns stets auf den gängigen Mikrowellen-Typ mit mittlerer Leistung zwischen 700 und 1000 Watt. Falls Sie über einen Mikrowellenherd mit höherer Leistung verfügen, müssen Sie die Kochzeiten entsprechend reduzieren.)

Falls Sie aus grundsätzlichen Erwägungen die Benutzung dieses Instruments moderner Technologie ablehnen, kön-

nen Sie alle Gerichte, in denen wir die Mikrowelle vorschlagen, auch im Wasserdampf oder im traditionellen Backofen zubereiten.

Die Küchenmaschine

Königin der Nouvelle Cuisine. Der kleine Kochgeselle im Haus ist ideal zum Hacken, Reiben, Pürieren, Entsaften, Kneten und Rühren. Unmöglich, auf ihn zu verzichten bei der Herstellung von Suppen und Pürees, Säften und Brühen aus Gemüse und frischen Früchten.

Der Schnellkochtopf

Immer noch ungekrönter König für alles, was im Wasser oder mit Wasser gekocht wird: Bouillon, grüne Bohnen, Spinat... alle stärkehaltigen Nahrungsmittel, Hülsenfrüchte, Reis..., zum Kochen im Wasserdampf: Kartoffeln, Karotten, Blumenkohl, Broccoli... und auch zum langsamen Kochen all der Ragouts, die so gut schmecken: Gemüseeintopf mit Rindfleisch, Kalbsragout, Hühncheneintopf mit Gemüse...

Ein Hinweis: Bereiten Sie alle Ihre Babymahlzeiten am Morgen vor. Auf den Entbindungsstationen hat sich das stets bewährt. Am Morgen nach dem ersten Fläschchen haben Sie zwei Stunden Zeit, um alle Mahlzeiten des Tages zu planen und vorzubereiten. Das ist vermutlich mehr, als Sie benötigen.

Ein guter Sessel

Klingeling!

– Hallo, ja, ja, die Entbindung ist gut verlaufen, die Leute in der Klinik waren wirklich nett...
– Nähh, näääähh...!
– Ah, scheint mal wieder Essenszeit zu sein, ich habe es nämlich gerade auf dem Arm.
– Ach so, störe ich dann?
– Nein, nein... Ja, vielleicht doch. Kann ich dich zurückrufen?
– Aber sicher. Also, was wiegt es denn so? Hast du genug Milch? Ich, als ich meine Tochter...

Das Gespräch dauert eine Ewigkeit. Sie sitzen währenddessen halb aufrecht und balancieren auf nur einer Gesäßhälfte (wegen des Dammschnitts), den Telefonhörer zwischen Ohr und Schulter eingeklemmt, eine Hand hält das aufgekrempelte T-Shirt oder das Fläschchen, die andere versucht zu verhindern, daß Baby abrutscht, und Sie wagen nicht, einfach aufzulegen bei so viel Fürsorglichkeit. »Nanu, hat es eben aufgestoßen?«

Halt!

Auch wenn Sie jetzt lächeln...

Für die Baby-Mahlzeit sollte gelten:

- Legen Sie den Telefonhörer neben das Telefon oder schalten Sie den Anrufbeantworter ein.

Beschlagnahmen Sie sodann:

- den besten Sessel, den das Haus zu bieten hat, oder das Wohnzimmer-Canapé
- alle Kissen und Kopfkissen, die Sie auftreiben können.

Die richtige Stellung: Machen Sie es sich bequem

- Rücken gut unterstützt.
- Drei Kilo auf dem Bizeps sechsmal 20 Minuten pro Tag, das wiegt am Ende selbst für einen Gewichtheber ganz schön schwer. Legen Sie also Ihren Ellenbogen auf Kissen oder Armlehne.
- Keine schweren Beine mehr! Legen Sie die Füße hoch.
- Das Kinn gegen das Brustbein gedrückt, um den aufgerollten Pullover oben zu halten, soll das vielleicht Ihre sonst stolze Kopfhaltung ins rechte Licht rücken? Droht Ihnen ein steifer Hals? Wählen Sie Kleidung aus, die vorne offen ist: Tragen Sie eine Weste oder klauen Sie dem jungen Vater ein weites Hemd.
- Hören Sie sanfte Musik und profitieren Sie voller Glück von diesem großen gastronomischen Augenblick.

Die Babyfläschchen

- Eins aus Glas, damit es in der Mikrowelle aufgewärmt werden kann, und eins aus unzerbrechlichem Kunststoff, für den Spaziergang.
- Selbst wenn Sie meinen, es schon im Gefühl zu haben, **überprüfen Sie stets die Temperatur** der Babymahlzeit: Testen Sie sie mit einem Tropfen auf der Innenseite Ihres Handgelenks.
- Das Glück Ihres Babys wird erst dann vollkommen sein, wenn Sie das Fläschchen, das Sie ihm geben, auch noch ausreichend schräg halten.

Sie haben es sich also gemütlich gemacht, die Kissen strategisch plaziert, damit Sie dieser besondere Augenblick keine Anstrengung kostet, Ihr kleiner Engel liegt in Ihren Armen, und die Flasche – nicht zu heiß, nicht zu kalt – ist peinlich genau im 45-Grad-Winkel eingeklinkt. Plötzlich tropft Schweiß von Babys Stirn, es regt sich auf, läßt ab von der Flasche, strampelt mit den Beinen und scheint dem Sauger zu schmollen, den es zuvor so lautstark gefordert hatte. Sie stellen außerdem fest: Seit gut 5 Minuten hat sich der Flüssigkeitsspiegel im Fläschchen nicht mehr verändert. Das kann nur am Sauger liegen!

Die Sauger

Ergonomisch und physiologisch erprobt, mit verschiedenen Öffnungen für Tee, Milch oder Brei, mit Ventil oder ohne, aus Latex oder Silikon – und dann muß man leider feststellen, daß es trotzdem nicht immer klappt. Trotz jahrzehntelanger Forschung in den Laboratorien bestehen die Sauger immer noch darauf, uns das Leben schwerzumachen.

- Das Baby hustet, spuckt wieder aus: Der Durchfluß im Sauger ist zu schnell.
- Es transpiriert: Die Saugeröffnung ist verstopft oder zu eng.
- Nachdem der Sauger sehr oft sterilisiert worden und fast kaputt ist, wird er zu weich für unseren kleinen Gourmet.

- Der hübsche Sauger aus Silikon. Garantiert unmöglich, daraus zu saugen. Wenn Sie ihn schon gekauft haben, probieren Sie ihn getrost aus. Wegschmeißen können Sie ihn immer noch.

Einige Tricks

- Im »flüssigen Alter« ist es manchmal unerläßlich, die Öffnung des Saugers mit Hilfe einer sorgfältig gereinigten kleinen Schere ein wenig zu vergrößern.
- Sterilisieren: Pah! Mit 6 Wochen hat Ihr Baby schon mindestens 1999 Küsse gekriegt (im Tagesdurchschnitt etwas mehr als fünf mal sieben!), klebrige, staubige, laute, weiche oder kratzige Küsse, wenn man sich Papas Bart oder den der alten Tante anschaut. Alle haben sie Baby in die Nase geblasen, und Sie wollen noch seine Sauger sterilisieren?

Auf einigen Entbindungsstationen wird der Rat gegeben, von Geburt an einfach rigoros auf Sauberkeit zu achten: eine Flaschenbürste, etwas Seifenwasser und ordentlich nachspülen oder – noch besser und weniger ermüdend – in die Spülmaschine damit, denn die reinigt bis in alle Ecken, und die Reinigung bei hoher Temperatur ist der Bakterien größter Feind. (Die Milch in Pulverform ist nicht steril, Mineralwasser ist nicht steril, die Bettücher oder der Pullover, die Ihr Kind ganz glücklich vollsabbert, sind nicht steril.) Wenn Sie indessen in einem sehr heißen Land leben oder die hygienischen Zustände ausgesprochen schlecht sind, sterilisieren Sie bis zum 6. Monat.

- Bewahren Sie Schraubring und Sauger des Fläschchens im Kühlschrank auf, das Material wird länger seine Festigkeit behalten. Und die Mikroben mögen die Kälte nicht.
- Es ist jedoch unerläßlich, die *neu gekauften* Sauger und Trinkflaschen zu sterilisieren.

auspressen
schneiden
reiben
passieren

Gute Eltern verwenden gute Produkte

Bei den größten Köchen und Feinschmeckern, von Bocuse bis zu Gault und Millau, oder auch bei Pascal Michel du Buhan, der mir eines Tages das große Glück bescherte, sein ›Labor‹ besuchen zu dürfen, ist es die gute Qualität der Lebensmittel, die eine gute Küche ausmacht.

Das Hühnchen vom Bauern anstelle des Huhns aus industrieller Aufzucht. Das Kalb, das bei seiner Mutter aufwachsen konnte, anstelle dieses welken Fleisches, vollgepumpt mit Hormonen. Oder einfach der knackige Salat vom Markt statt dieses von Konservierungsmitteln strotzenden Fertigsalats, der in einer Zellophanpackung verkauft wird.

Das wird alles sehr teuer? Nicht unbedingt.

In der Küche wie auf vielen anderen Gebieten ist es keine schlechte Investition, ›gut‹ zu kaufen.

Unter den hervorragenden Produkten finden sich die **Pflanzenöle**.

Ein schlichter Teller Nudeln mit einigen Tropfen Olivenöl aus erster Kaltpressung ist geschmacklich besser (und gesünder) als dieselben Nudeln, die in einem halben Pfund EG-Butter schwimmen. Ein Fischfilet, in Dampf gegart, mit demselben Öl und drei Basilikumblättern angerichtet, ist nicht zu vergleichen mit einem Filet in einer Fertigsauce. Geriebene Karotten in Sesamöl sind erheblich delikater und preiswerter als solche, die Sie mit den im Handel befindlichen fertigen Salatsaucen abschmecken.

Ein gutes pflanzliches Öl sollte aus **erster Kaltpressung** stammen, da die industriellen Erhitzungsverfahren zahlreiche Nährstoffe, insbesondere das Vitamin E, zerstören. Man findet diese unbehandelten Öle in Reformhäusern, Bioläden und den Diätabteilungen guter Kaufhäuser.

Sonnenblumenöl: das Öl mit dem höchsten Fettsäuregehalt
Traubenkernöl: dünnflüssig und leicht

Erdnußöl: nur das von hervorragender Qualität, hält sehr gut hohen Temperaturen stand
Sesamöl: angenehm im Geschmack, nicht ganz leicht verdaulich
Olivenöl: sehr reich an Vitamin E

Auf allen anspruchsvollen Tischen ist **Meersalz** zu finden. Es salzt niemals zu stark und enthält all die guten Spurenelemente, die eine ausgeglichene Ernährung begünstigen.

Aromatische Zutaten wie Kräuter und milde Gewürze (für Babys kein Pfeffer u. ä.!) geben Geschmack, ohne daß Fette hinzugefügt werden müssen. Petersilie, Thymian, Schnittlauch, Rosmarin, Basilikum, Dill, Estragon: all diese Kräuter sind frisch am besten und würzigsten. Ärgerlich ist aber, daß wir meist nur einige Blätter brauchen und der Rest dann im Kühlschrank vertrocknet. Daher friere ich, was übrig bleibt, einfach ein.

Kümmel, Sternanis, Nelken, Lorbeer, Curry, Paprika, Muskatnuß, Zimt, all dies kann in ganz kleinen Mengen ohne weiteres die Speisen des Babys ab dem 9. Monat würzen.

Wählen Sie bei guten Metzgern **gutes Fleisch und Geflügel** aus. Es gibt sie tatsächlich, die guten Fleischer, die den Bauern oder Fleischlieferanten persönlich kennen, die wissen, unter welchen Bedingungen und mit welchen Futtermitteln die Tiere aufgezogen werden, auf deren Herkunfts- und Frischegarantie Sie sich verlassen können. Diese gute Tradition, die in Frankreich, auch in den Großstädten, fortlebte, wird in Deutschland heute vor allem in Bioläden gepflegt.

Und schließlich:

Käse, vorzugsweise frisch und »im Anschnitt« statt der relativ faden Industriekäsesorten aus der Kühltruhe.

Für Sie, die Eltern, lieber Pfefferkörner, die zum Gebrauch frisch gemahlen werden, als der industriell gemahlene Pfeffer, der allen Geschmack verloren hat.

Der einfache Reis aus der Camargue, der aus Surinam oder der indische Basmatireis haben einen ganz anderen Geschmack als der malträtierte amerikanische, auf dessen Verpackungen man uns zwar verspricht, daß er »nicht klebt«, wohlweislich jedoch verschweigt, daß er auch nicht schmeckt.

Im Küchenschrank sollten stets vorrätig sein:
Brauner Rohrzucker, normaler Zucker, dunkle Schokolade mit einem Kakaoanteil von 70%, Kakao, Honig, Trockenfrüchte, Bouillonwürfel, guter Weinessig, Sojasauce, Tapioka, Couscous-Hirse, Maismehl, Nudeln.

Im Kühlschrank: frische Landbutter, Quark und Frischkäse, Joghurt, geriebener Emmentaler, Zitronen.

Gut einzusetzende Konserven: Artischockenherzen, geschälte Tomaten und Tomatenkonzentrat.

Praktisch als Tiefkühlkost: Fisch, Gemüse und Gemüsepürees, Kuchenteig.

Was die leicht verderblichen Lebensmittel betrifft, sollten Sie stets den **Produkten der Saison** den Vorzug geben. Die anderen sind auf künstliche Weise gewachsen und gereift und sind deutlich minderwertiger als jene, die unter der Sonne unserer besten Anbaugebiete großgeworden sind.

Unsere Devise: Besser glücklich und gut ernährt als unglücklich und krank!

Die kleinen Tricks!

Ein Baby ist gewissermaßen von Natur aus Großmeister im Kleckern! Es macht Pipi, es macht Aa, es sabbert, stößt auf, übergibt sich, schüttet um, zermanscht, bekleckert sich, bekleckert Sie...

Man sollte immer Mineralwasser im Haus haben, ebenso wie Milch, Zitrone, Talkum, Geschirrspülmittel, ammoniakhaltige Reinigungsmittel – und selbst Aspirin.

Frische Flecken sind in aller Regel leichter zu entfernen als eingetrocknete. Sie sollten alles, was aus Wolle oder Baumwolle ist, sofort in ein Becken mit **frischem Wasser** werfen. Dies ist unerläßlich bei Flecken von Fruchtsäften, bei rotem oder blauem Obst oder wenn das Rotweinglas umgefallen ist, als Sie das Baby, das oben auf seinem Hochsitz gerade wieder seine beliebte Umfall-Testreihe starten wollte, eben noch durch einen gewagten Sprung retten konnten. Danach brauchen Sie nur noch in Wasser nachzuspülen, dem Sie etwas **Ammoniak** beigegeben haben.

Vorsicht, lassen Sie Karottenflecken niemals trocknen, die gehen nämlich später nie wieder raus!

Unterwegs oder bei Freunden können Sie auf Sprudelwasser zurückgreifen, um die Flecken von Brei, Püree, Erbrochenem, von Kompott, Konfitüre und Fruchtsäften damit zu behandeln. Es löst den Zucker und verhindert, daß sich die Farbstoffe im Textil festsetzen.

In Wasser aufgelöstes **Aspirin** ist auch ein gutes Lösemittel, vor allem für Blutflecken.

Wußten Sie, daß Milch ein leistungsfähiges Mittel zum Fleckentfernen ist? **Kochende Milch** entfernt Weinflecken aus Tischtüchern und Servietten, Tintenflecken vom Teppich und aus Wolle. Tauchen Sie eine frisch bekleckerte Serviette in kochende Milch, und die Flecken werden auf geradezu magische Weise verschwinden.

Fettflecken lassen sich durch **Talkum** entfernen.

Und dann ist da noch das **Spülmittel**, stets zur Hand und erfolgreich gegen alle Arten von Fettflecken, selbst in zarten Geweben.

Schließlich die **ammoniakhaltigen Reinigungsmittel**, gut selbst für schwierigste Flecken, vor allem in weißen Stoffen. Man muß sie natürlich immer verdünnen und anschließend gut auswaschen.

Altersstufen und Dosierungen

Das flüssige Alter (0 bis 3 Monate)

Ernährung durch Muttermilch oder Muttermilch im Wechsel mit hypoallergenen Milchersatzprodukten.

Ernährung durch künstliche Produkte und:

Fruchtsäfte
Gemüsesäfte
Pflanzliche Milch

Das dickflüssige Alter (3 bis 6 Monate)

Ab dem 2. Monat fängt Ihr Baby an zu sabbern und zu spukken, und das bedeutet, daß es bereit ist, ganz neue Nahrung zu verarbeiten. Sie können damit beginnen, abends den Inhalt des Fläschchens etwas einzudicken.

Das erste Mehl (anfangs ausschließlich glutenfreies: z. B. Speisestärke oder Reisflocken) und püriertes Gemüse.

Fruchtkompott.

Voll gereifte Früchte, püriert und in kleinen Mengen.

Quark und andere Frischkäse.

Dosierung: In einem dieser kleinen Glastöpfchen für Fertigmahlzeiten. Bewahren Sie ein solches Glas auf, es ist ideal zur Dosierung und zum Transport Ihrer kleinen Zubereitungen.

Das feste Alter (ab 6 Monaten)

Das Baby kann ab jetzt leichte Mahlzeiten mit der gesamten Familie teilen, es braucht keine separaten Gerichte mehr, seine Speisen gehen allerdings zusätzlich noch durch den Mixer. Sie brauchen nur in Menge und Konsistenz zu variieren.

Das Baby weiß jetzt frische Milch in kleinen Mengen in seinen Pürees oder in Süßspeisen sehr zu schätzen.

Ab 8/9 Monaten:
Durchs Sieb passiertes Gemüse.

Ab 10 Monaten:
Rohes Gemüse, gerieben.

Fleisch, hauchdünn geschnitten, und Fisch in winzigen Stückchen.

Weichgekochtes Ei.

Ab 12 Monaten:
Fleisch, in feine Lamellen geschnitten, wie's die Chinesen tun.

Nudeln, Hülsenfrüchte.

Ab 24 Monaten:
Das Baby drückt seine Wünsche jetzt selber aus, es ist bereits ein Feinschmecker!

Beispiel für die Verteilung der täglichen Mahlzeiten

ab 2 Monaten 120 bis 150 g pro Mahlzeit

morgens	10 Uhr	mittags	15 Uhr	18 Uhr	abends
Milch	frisch verdünnter Fruchtsaft	Milch	Pflanzenmilch	Milch	Bouillon mit Milch eventuell Getreidebrei

ab 5 Monaten 150 bis 200 g pro Mahlzeit

morgens	10 Uhr	mittags	17 Uhr	abends
Milch eventuell Getreidebrei	frischer verdünnter Fruchtsaft	Gemüse + Eier, Fisch oder Huhn	Kompott + Quark	Milchsuppe eventuell Getreidebrei

ab 10 Monaten ganz nach Appetit des Babys

morgens	10 Uhr	mittags	17 Uhr	abends
Milch + Vollkornbrei	frischer verdünnter Fruchtsaft	Rohkost, Gemüse + Eier, Fisch, Huhn oder Fleisch eventuell Dessert	Früchte + Quark	Suppe oder Gemüse + Vollkornprodukte eventuell Käse eventuell Dessert

Auf jeden Fall sollten Sie den Appetit des Babys berücksichtigen. Versuchen Sie nicht, es zu zwingen oder durch Hinzufügen von Zucker zu verführen.

Nehmen Sie sich Zeit und machen Sie aus jeder Mahlzeit einen Moment des Vergnügens.

Das flüssige Alter
(von 0 bis 3 Monaten)

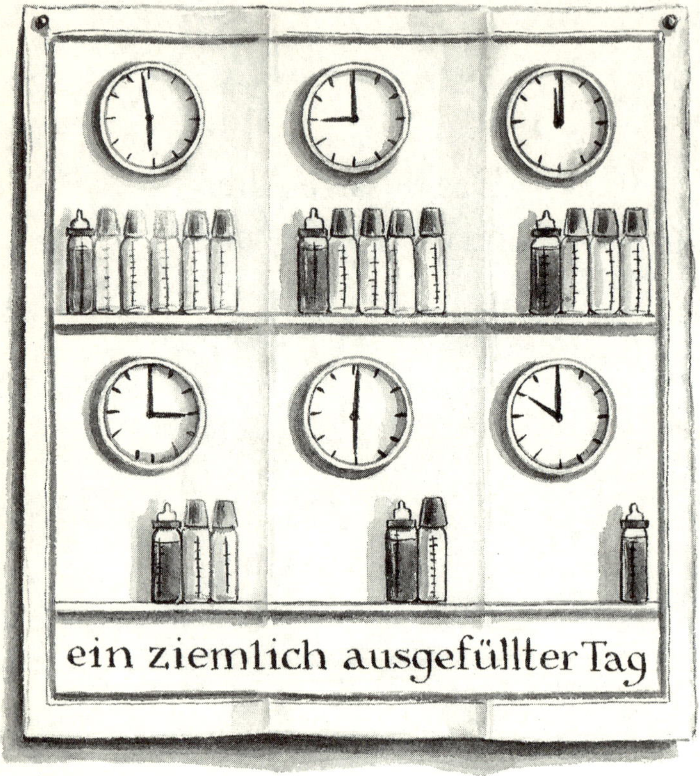
ein ziemlich ausgefüllter Tag

Welche Milch fürs Baby? Während vieler Jahrhunderte stellte sich diese Frage überhaupt nicht, und abgesehen von einigen Extravaganzen (Romulus und Remus, Wolfskinder oder Landkinder, die mit Ziegenmilch aufgezogen wurden) stillte das kleine Menschenkind Hunger und Durst an der Brust einer Frau, seiner Mutter nämlich oder einer Amme.

Heute ist es, da viele Frauen arbeiten und die Chemie gewaltige Fortschritte gemacht hat, vielfach schon zur Verpflichtung geworden, sein Kind auf andere Weise zu ernähren – z. B. wenn eine Frau ihre Arbeit wiederaufnehmen muß –, zu einer Frage der Ästhetik, der Annehmlichkeit und sogar der Gleichheit der Geschlechter, wie mir eines Tages jene Mutter erklärte, die ihr Kind nicht selbst stillen wollte, »um ihren Ehemann dem gemeinsamen Kind gegenüber nicht zu benachteiligen«! Ich konnte mir lebhaft vorstellen, wie dieses Paar vor lauter Hoffnung zitterte bei dem Gedanken, daß auch der Mann eines Tages schwanger werden könnte. Eine Hoffnung, die gar nicht so abwegig erscheint, wenn man sich die immensen Fortschritte unserer Forschung anschaut... und die Phantasien des Kinos.

Wo ist der Zusammenhang, werden Sie fragen, zwischen dieser langen Abschweifung und der Kochkunst? Aber das ist doch ganz klar: Wenn dieses Jahrhundert es auch noch nicht ganz geschafft hat, Babys in Reagenzgläser zu setzen, ist es doch soweit, daß schon deren allererste Ernährung ausschließlich aus Industrienahrung in diesen kleinen Glastöpfchen besteht... Ohne die handgeknüpfte Fahne der Makrobiotik schwingen zu wollen, gibt es in dieser Hinsicht aber doch noch ein paar Fragen zu stellen.

Wonnen und Wahn der Milch

• Ziegenmilch

Nach Alexandre Dumas hat Ziegenmilch ein höheres spezifisches Gewicht als Kuhmilch. Sie behält, sogar zu Butter oder

Käse verarbeitet, jenen der ganzen Familie von Ziegen und Böcken eigenen starken Geschmack, der sich dem Geruch jeweils des Tieres annähert, von dessen Milch das Produkt stammt. Ziegen ohne Hörner liefern eine schwächer riechende Milch.

Schäfer und die Bevölkerung des Mittelmeerraums geben sie ihren Kindern zu trinken...

• Schafsmilch
Die Milch vom Mutterschaf ist bekömmlicher als Kuhmilch, jedoch fetthaltiger als Ziegenmilch, und ihr Geschmack ist ein wenig säuerlicher.

• Eselsmilch
Wohlhabende Römerinnen badeten darin, um ewige Jugend zu erlangen... Im 19. Jahrhundert wurde sie als Allheilmittel gegen bestimmte Fälle von Schwindsucht betrachtet.

• Stutenmilch
Die Mongolen ernähren sich fast ausschließlich davon, machen Käse und sogar Alkohol daraus. Stutenmilch ist ein rituelles Nahrungsmittel, die Mongolen bieten sie ihren Gästen, die sie in ihre Jurte eingeladen haben, als Zeichen der Gastfreundschaft an. Sie besprenkeln all ihre Transportmittel damit, vom Motorrad bis zum Flugzeug, um sich vor Unfällen zu schützen...

Stutenmilch hat einen säuerlichen Geschmack und einen Geruch, der dem von Babyerbrochenem verwandt ist.

• Jakmilch
Die Tibetaner bringen sie ihren Göttern als Opfergabe. Sie salzen sie und machen daraus Butter, die sie in den Tee geben...

• Kamelmilch
Diese Milch ist so dickflüssig wie Joghurt, und im Gegensatz zu den Berbernomaden kann ich mich nicht dafür begeistern.

Baby's Weinkeller

• Wolfsmilch
Eine Milch für Halbgötter, die bei Romulus und Remus großen Erfolg hatte.

• Walmilch
Das Walbaby trinkt sie unter Wasser!

• Elefantenmilch
Das Elefantenbaby trinkt davon 10 Liter pro Tag.

• Die Milch von Mastodon und Mammut
Leider haben wir keine Gelegenheit gehabt, die Milch dieser Säugetiere des ausgehenden Tertiär und Quartär zu testen.

• Die Milch von Löwen, Tigern, Panthern, Leoparden und anderen Raubtieren. Schmeckt wild.

• Hühnermilch
Ein Kindermärchen. Wen sonst könnte man glauben machen, daß Hühner Milch geben? Ist jedoch außerordentlich kräftigend. Das Rezept steht auf Seite 192.

Die in der Milch verborgenen guten Eigenschaften liegen auf der Hand!

Zehn Gründe, keine Kuhmilch zu geben:

- Kuhmilch ist sehr fetthaltig, selbst wenn sie teilentrahmt ist, und ihre Moleküle zersetzen sich nur sehr schwer.
- Sie enthält zu viele Proteine. Gefahr von Übergewicht.
- Sie gerinnt zu großen Flocken, während Muttermilch feinflockig gerinnt.
- Sie enthält nicht besonders viel Phosphor, das mein Kind aber braucht, um seine außerordentliche Intelligenz zu entwickeln…

- Sie enthält nicht genügend Vitamin A und C.
- Die der Muttermilch angepaßte Kuhmilch »erinnert« an menschliche Milch. Ja, so was!
- Sie ist nicht gut, nur weil sie von vielen getrunken wird.
- Unsere Kleinen sind keine Kälber.
- Es gibt fast 2 Milliarden Menschen, die Milch verabscheuen.
- Und außerdem reagiere ich allergisch auf Milch! Sie nicht?

Zehn Gründe, Kuhmilch zu geben:
- Mein Kind hat Kuhmilch bekommen, es geht ihm prächtig...
- Gute Milch riecht nach Futtergras und Haselnuß.
- Sie ist Symbol von Reichtum und Überfluß.
- Man kann ein ganzes Leben lang ausschließlich davon leben.
- Sie ist voller Proteine.
- Sie enthält massenhaft Calcium.
- Die Kuh ist ein heiliges Tier, das niemandem etwas zuleide tut, und sie muht ganz fürchterlich, wenn man sie zu melken vergißt.
- Schokolade aus Ziegenmilch ist wirklich nicht so besonders.
- Das Püree mit Jakmilch ist nicht besser!
- Und das strahlende Lächeln der netten blonden Verkäuferin im Milchladen... wollen Sie darauf verzichten?

Babys gibt es zu allen fünf Jahreszeiten

In Frankreich heißt es, daß Jungen im Kohlfeld und Mädchen in Blumenbeeten geboren werden. Aber wann sprießen Kohl und Blumen eigentlich? Zu welcher Jahreszeit?

Nicht alle Babys kommen zur selben Jahreszeit auf die Welt. Es gibt Frühlings-, Sommer-, Herbst- und Winterbabys. Und dann gibt es noch die exotischen Babys, die in jenen Ländern auf die Welt kommen, in denen Gemüse und Blumen zu jeder Jahreszeit gedeihen, den tropischen Ländern. Die Vanille-,

Kaffee-, Karamel- oder Schokoladen-Babys werden zwischen Bananenbäumen und Kokospalmen geboren, zwischen Zwergpalmenkohl und Passionsfrüchten...

Warum sollte man all diesen Kindern, wenn jedes von ihnen doch das Licht einer ganz anderen Welt erblickt, unterschiedslos dieselbe Nahrung geben, die der Muttermilch angepaßte Trockenmilch etwa, gewiß ausgewogen, doch fade und langweilig im Geschmack und ohne jeden Respekt für die Jahreszeiten? Wir sollten uns nicht wundern, wenn sie sich dann später nur noch von Hamburgern, Ketchup und Coca-Cola ernähren...

An der Brust schmeckt der Winzling alles, was seine Mutter ißt. Denken Sie nur an den würzigen Geschmack der Milch einer Frau, die Kreuzkümmel, Curry oder sogar scharfen Pfeffer gegessen hat, an den mediterranen Wohlgeschmack der Milch einer Mutter, die sich im Sommer für die ›Ratatouille‹, jenen würzigen Eintopf aus frischen Gemüsen der Saison, begeistert... um zu begreifen, daß Babys von ihrer Geburt an die Vielfalt lieben und alle Voraussetzungen besitzen, um mit den Geschmäckern und Aromen der Jahreszeiten ihre Erfahrungen zu machen.

Die Milchbar ist geöffnet!

Muttermilch oder Die Schule des Geschmacks

Einstimmig sagen die Lehrbücher: Es lebe die Muttermilch! Sie ist das allerbeste Nahrungsmittel für den Säugling.

Das beste, einverstanden. Aber warum? Weil sie das gesündeste ist fürs Baby? Weil sie in ihrer Zusammensetzung das Nahrungsmittel ist, welches am besten den Bedürfnissen unseres kleinen Lieblings angepaßt ist?

Gewiß, gewiß, doch nicht nur...

Die Muttermilch ist auch der königliche Weg hin zur Kunst

des Schmeckens und Kochens, denn Feinschmeckerei bedeutet Vielfalt; der Geschmackssinn entwickelt sich dank der Entdeckung der Mannigfaltigkeit des Geschmacks. Geschmack und Zusammensetzung der Muttermilch bilden sich an allen Tagen stets aufs neue heraus, verändern sich im Laufe eines Tages, oft selbst während der Babymahlzeit. Anfangs sehr flüssig und leicht süß, ist die Muttermilch zum Ende der Mahlzeit hin fetthaltiger und fließt eher dickflüssig und sahnig.

Wußten Sie, daß der Verzehr von Kreuzkümmel den Appetit des Babys stimuliert?

Wenn Sie vor seiner Geburt Kohl, Wildgerichte oder Spargel gegessen haben, dann hat das Baby bereits im Fruchtwasser davon gekostet, und es ist durch nichts bewiesen, daß dieser Geschmack dem Baby, wenn es geboren ist, unangenehm wäre. Sie sollten ihn ihm also nicht vorenthalten.

Sie stillen den Durst des Babys mit Ihrer eigenen Milch! Bravo! Ihr Kind hat alles, was es braucht, um ein Feinschmecker zu werden. Fügen Sie bis zum 3. Monat keine neuen Nahrungsmittel hinzu. Wenn der Zeitpunkt der Entwöhnung gekommen ist (im allgemeinen im 3. Monat), wechseln Sie direkt zum »dickflüssigen Alter« hinüber.

Essen Sie gut und bereiten Sie beispielsweise für sich selbst die ab Seite 96 im Kapitel »Das feste Alter« vorgeschlagenen Rezepte zu.

Die Freuden des Fläschchens

Damit die Anhänger der industriell hergestellten Milch Anlaß zur Freude haben, sei gesagt, daß auch sie mit ihrer Entscheidung ihrem Kind die Möglichkeit geben, ein Liebhaber der guten Dinge zu werden. Selbst wenn Ihr Kind nicht die Gelegenheit hatte, die aufeinanderfolgenden Nuancen der Muttermilch zu schmecken – es wird früher als ein Kind, das ausschließlich an der Mutterbrust gestillt wurde, neue Produkte entdecken, wie Fruchtsäfte, Gemüsesäfte oder pflanzliche Milch.

Der Muttermilch angepaßte Trockenmilch

»Der Muttermilch angepaßt« heißt, daß man von Kuhmilch ausgehend eine Milch herstellen wollte, deren chemische Formel sich so weit wie möglich der Muttermilch annähert. Das Resultat entspricht in etwa dem Verhältnis zwischen Skai und echtem Leder oder zwischen Acryl und Wolle: es ist ein Surrogat.

Diätetische, nicht der Muttermilch angepaßte Milch Diätetische milchhaltige Nahrungsmittel

Von Babys noch eher akzeptiert als die der Muttermilch angepaßte Milch, reicht für einen Menschen im verteidigungsfähigen Alter der Geschmack der diätetischen, nicht der Muttermilch angepaßten Milch von ›ekelhaft‹ bis ›gerade noch erträglich‹. Um aus diesen Produkten eines auszuwählen, habe ich die folgende Methode angewandt: In einer Küchenecke ein Fläschchen mit einigen Millilitern der Milchsorte abstellen, die es zu testen gilt. 24 Stunden warten, und dann die große Überraschung! Einige Sorten haben sich in Dickmilch verwandelt und verbreiten einen beachtlichen Käseduft, andere wieder sind flüssig geblieben und stinken nach einer undefinierbaren Mischung, die an Antibiotika oder eine petrochemische Fabrik erinnert. Kein Kind hat so etwas verdient.

Zusammenfassend stelle ich fest: Zwischen Muttermilch und allen anderen Milcharten besteht der gleiche Unterschied wie zwischen Mechanik und Elektronik. Für die erstgenannte gilt: es funktioniert im Prinzip wie von selbst, während wir bei der zweiten, welche auch immer es sein mag, erst einmal den Waschzettel lesen müssen.

Milch und Immunsystem oder Wenn die Wissenschaft auf die Kochkunst trifft

Bei Kochkünstlern und Feinschmeckern sind chemisch manipulierte Lebensmittel nicht sonderlich beliebt. Die großen Meisterköche lassen all diese »erleichterten« (»light« auf gut deutsch), dehydrierten oder künstlich nachgebildeten Lebensmittel ganz einfach links liegen. Eine amerikanische Studie zeigt, daß hinsichtlich der Stärkung des Immunsystems natürliche Ernährung immer noch die besten Ergebnisse zeitigt. Um dies zu beweisen, hat man nach einer Impfung gegen spinale Kinderlähmung, gegen Diphtherie, Masern und Tetanus die Mengen der bei Kindern entwickelten Antikörper verglichen. Die Kinder, die an der Mutterbrust oder mit sehr proteinhaltiger Kuhmilch ernährt wurden, hatten einen guten und dauerhaften Schutz gegen Ansteckung. Die mit einer »angepaßten« Milch ernährten hatten in etwa die gleiche Menge an Antikörpern produziert. Kinder, die mit wenig proteinhaltiger Milch oder einer auf der Basis von Soja nachgebildeten ernährt worden waren, hatten sehr wenige Antikörper.

Rohe Kuhmilch
Fürs Kalb bestimmt. Enthält 35 g/Liter Proteine anstatt 15 g/Liter bei der Muttermilch. Um sie verdaulich zu machen, müssen Sie ⅓ Quellwasser und einige Tropfen Milchsäure hinzufügen und sie dann teilentrahmen. Abzuraten, wenn Sie bezüglich Frische und Herkunft nicht ganz sicher sind.

Ungezuckerte und gezuckerte Kondensmilch
Es handelt sich hier um pasteurisierte, konzentrierte, homogenisierte und sterilisierte Kuhmilch. Diese verschiedenen Stadien des Kochens der Milch berauben sie natürlicher Vitamine und Spurenelemente. Sie ist aber trotzdem eine köstliche Lekkerei!

Pflanzliche Milch

Auch Pflanzen geben Milch! Als Extrakt aus dem Samenkorn erhalten wir durch Filtern diese milde weiße Flüssigkeit, die reich ist an Vitaminen und Proteinen, an Fetten und Kohlehydraten. Sie ist leicht verdaulich und ruft nur sehr selten Allergien hervor. In eine klassische Ernährung integriert und als Ersatz für die Flasche werden Sie mit Hilfe der pflanzlichen Milch Ihr Baby ganz neue Geschmacksrichtungen entdecken lassen.

Sojamilch [ab dem 1. Monat]

Chinesische Babys trinken Sojamilch
Sie wird zu gleichen Teilen mit Wasser verdünnt. Sie enthält ebensoviele Proteine wie Kuhmilch, hat gute Nährwerte, sollte jedoch abwechselnd mit anderen Milchsorten verwendet werden.

Für 2 Fläschchen
Einweichen: Am Vorabend
Vorbereitung: 5 Minuten
Kochzeit: 15 Minuten

- 1 Tasse Sojabohnen
- 1 Liter Quellwasser (natriumarmes und kohlensäurefreies Mineralwasser)

Weichen Sie am Abend die Sojabohnen ein. Schütten Sie am nächsten Tag das Einweichwasser weg und rühren die Bohnen gut durch. Fügen Sie Quellwasser hinzu und bringen Sie das Ganze zum Kochen. Lassen Sie es unter ständigem Rühren weitere 5 Minuten langsam kochen. Gießen Sie etwas kaltes Wasser über dieses Püree, um die Mischung zusammenfallen zu lassen, und lassen Sie sie weiter köcheln. Fügen Sie nochmals etwas Wasser hinzu. Filtern Sie diese Zubereitung durch ein sauberes Küchenhandtuch, das Sie in einem Sieb ausgebreitet haben. Drücken Sie dann die noch verbleibende Flüssigkeit aus. Diese Milch kann mit etwas braunem Zucker gesüßt werden. Sie kann 24 Stunden im Kühlschrank aufbewahrt und vor Gebrauch ein wenig angewärmt werden.

Einige Tropfen Öl aus erster Kaltpressung, Weizenkeimöl beispielsweise, die Sie dieser Milch hinzufügen (1 Tropfen pro Kilo und pro Tag) bringen Ihrem Kind die kostbaren ungesättigten Fettsäuren.

Man kann den Zucker auch durch Honig ersetzen, der reich ist an Mineralsalzen, doch nicht immer gut verdaulich.

Man findet natürlich auch fertige Sojamilch in den meisten Fachgeschäften. Man muß sie, halb und halb, mit Quellwasser verdünnen.

Mandelmilch [ab dem 1. Monat]

Für 1 Fläschchen
Vorbereitung: 5 Minuten

- 1 Eßlöffel gemahlene Mandeln
- 1 Glas Quellwasser (100 ml, natriumarmes und kohlensäurefreies Mineralwasser)

Mixen Sie alles im Mixer und filtern es. Füllen Sie mit Quellwasser auf. Die etwas fetthaltige Mandelmilch kann mit Sojamilch und (ab 2 Monaten) mit Getreidemilch zusammen gegeben werden, deren Verdauung sie erleichtert.

Weizenmilch [ab 2 Monaten]

Für 1 Babyflasche
Vorbereitung: 5 Minuten
Kochzeit: 10 Minuten

- 1 Eßlöffel Mandelmilch
- 2 Eßlöffel naturbelassener Weizen, d. h. 1 Eßlöffel pro Altersmonat, jedoch nicht mehr als 5
- 2 Gläser Quellwasser (200 ml, d. h. 1 Glas pro Altersmonat, natriumarmes und kohlensäurefreies Mineralwasser)
- ½ Teelöffel brauner Zucker

Mahlen Sie die Weizenkörner mit ein wenig Quellwasser sehr fein. Bringen Sie 2 Gläser Quellwasser zum Kochen, die Sie langsam über den Weizen gießen. Diese Mischung kochen Sie dann auf ganz kleiner Flamme 10 Minuten unter ständigem Rühren. Filtern Sie sie durch ein sehr feines Sieb, fügen Sie die Mandelmilch hinzu und zuckern sie.

Diese pflanzliche Milch kann 24 Stunden im Kühlschrank aufbewahrt werden.

Kokosmilch mit Sesam [ab 3 Monaten]

Dies ist ein Rezept vom anderen Ende der Welt. Die Sesamsaat kommt aus Asien, ihr unvergleichlicher Geschmack und die Qualität des Öls, das daraus gewonnen wird, hat ihr einen auserlesenen Platz bei unseren Großmeistern der Kochkunst eingeräumt. Wie auch der Kokosnuß, die seit jeher das Allheilmittel der Mütter in allen heißen Ländern der Erde ist.

Für 2 Babyfläschchen
Einweichen: Am Vorabend
Vorbereitung: 5 Minuten

- 3 Teelöffel geriebene Kokosnuß
- 3 Teelöffel Sesamsaat
- Quellwasser (natriumarmes und kohlensäurefreies Mineralwasser)

Weichen Sie die Sesamsaat am Vorabend in Quellwasser ein. Waschen Sie sie danach unter laufendem Wasser. Füllen Sie den Sesam zusammen mit der geriebenen Kokosnuß in den Mixer. Geben Sie Quellwasser dazu, bis Sie auf eine Gesamtmenge von einem halben Liter kommen. Filtern Sie das Ganze durch ein sauberes Küchenhandtuch oder ein sehr feines Sieb.

Diese Milch kann 24 Stunden lang im Kühlschrank aufbewahrt werden.

Fruchtsäfte
(ab den ersten Wochen)

»Früchte sind das Gold des Morgens, das Silber des Mittags und das Blei des Abends.«

Dieses alte Sprichwort gilt vor allem für Zitrusfrüchte. Mildere Früchte wie Äpfel oder Birnen können problemlos auch am Ende des Tages gegeben werden. Auf jeden Fall gilt, daß frisches Obst besser bekömmlich ist, wenn es allein oder mit Quark und mit einigem Abstand zu jedem anderen Nahrungsmittel verzehrt wird, am Morgen oder zwischen den Mahlzeiten, am Nachmittag beispielsweise.

Variieren Sie je nach Jahreszeit!

Frühlings-Fruchtsäfte
Tomate, Erdbeere, Kirsche, rote und schwarze Johannisbeere, Rhabarber und auch jetzt noch Apfel, Birne, Orange, Pampelmuse.

Sommer-Fruchtsäfte
Erdbeere, Johannisbeere, Blaubeere, Himbeere, Kirsche, Aprikose, Pfirsich, Nektarine, Zwetschge, gelbe und blaue Pflaume, Mirabelle, Wassermelone, Honigmelone, Tomate, Apfel, Birne, Orange und Pampelmuse.

Herbst-Fruchtsäfte
Weintraube, rote und schwarze Johannisbeere, Blaubeere, Himbeere, Nektarine, Pflaume, Pfirsich, Tomate, Birne, Quitte, frische Feige, Orange, Pampelmuse.

Winter-Fruchtsäfte
Apfel, Birne, Orange, Clementine, Pampelmuse.

Exotische Fruchtsäfte
Kiwi, Ananas, Mango, Papaya, Banane, Guave, Passionsfrucht.

Fruchtsaft ist gesund, man sollte es damit aber nicht übertreiben.

Richten Sie die ganze Frucht an. Bis zu sieben Wochen genügen dem Baby 15 ml, von dem Rest gönnen Sie sich selbst eine kleine Vitaminkur.

Roter Fruchtsaft [ab der 7. Woche]

Rote Früchte sind schmackhaft und »gut für die Augen« (Vitamin A), aber wenn es in der Familie eine Tendenz zu Allergien, insbesondere gegen Erdbeeren, gibt, warten Sie einige Monate, bevor Sie dem Baby davon geben.

- 100 g rote und schwarze Johannisbeeren, Blaubeeren, Brombeeren oder Walderdbeeren.

Waschen Sie unter laufendem Wasser 3 Hände voll dieser Früchte. Trocknen Sie sie sorgfältig ab mit einem saugfähigen Papier. Entsaften Sie sie.

Pfirsich- oder Aprikosensaft [ab der 7. Woche]

Vorbereitung: 3 Minuten
Enthäuten Sie 2 Pfirsiche oder 4 Aprikosen, nachdem Sie diese 2 Minuten in kochendes Wasser oder 30 Sekunden in die Mikrowelle gelegt haben. Entfernen Sie die Kerne und entsaften Sie das Fruchtfleisch.

Weintraubensaft [ab der 7. Woche]

Oft verglichen mit einer pflanzlichen Milch, besitzt der Weintraubensaft eine große Ähnlichkeit mit der Muttermilch, weil er sehr reich an Mineralsalzen und Vitaminen ist.

Vorbereitung: 5 Minuten
Lassen Sie eine schöne Traube von Weinbeeren einige Sekunden in Zitronenwasser schwimmen. Trocknen Sie die Beeren mit Küchenpapier ab und zerdrücken Sie sie in einem Mörser oder mit Hilfe einer Gabel. Filtern Sie den Saft durch ein sehr feines Sieb.

Apfel- oder Birnensaft [ab der 7. Woche]

Vorbereitung: 3 Minuten

- 2 Birnen oder Äpfel
- 1 Zitrone
- Quellwasser (natriumarmes und kohlensäurefreies Mineralwasser)

Egal ob Sie Goldrenette, Williams-Birne (im August), Boskop oder Cox Orange nehmen, das Rezept ist stets ganz einfach: Schälen, entkernen und entsaften Sie die Früchte. Ein paar Tropfen Zitrone hindern das Fruchtfleisch daran, braun zu werden. Servieren Sie mit Quellwasser aufgefüllt bei Zimmertemperatur.

Orangen- oder Pampelmusensaft mit Zitrone [ab der 7. Woche]

Zitrusfrüchte sind nicht nur als Weihnachtsgeschenke gut, Orangen, Mandarinen, Clementinen, Pampelmusen und Zitronen zählen auch zu den berühmten Früchten des Gartens der Hesperiden.

Vorbereitung: 2 Minuten

- 1 Orange oder 1 rosa Pampelmuse
- 1 Zitrone
- Quellwasser (natriumarmes und kohlensäurefreies Mineralwasser)

Pressen Sie eine schöne Orange oder eine rosa Pampelmuse (sie ist weniger sauer) aus und filtern den Saft durch ein sehr feines Sieb. Ein paar Zitronentropfen verfeinern den Geschmack. Ich füge zu gleichen Teilen Quellwasser hinzu, damit der kleine Magen nicht gereizt wird.

Mangosaft [ab der 7. Woche]

Vorbereitung: 3 Minuten

- 1 große saftige Mango (die besten sind die indischen)
- Quellwasser (natriumarmes und kohlensäurefreies Mineralwasser)

Man kann diese tropische Frucht natürlich wie einen Pfirsich oder eine Kiwi enthäuten, hier aber folgt ein kleiner Trick, wie Sie das bewerkstelligen können, ohne dan ganzen Saft an den Händen zu haben. Waschen Sie die Frucht und trennen Sie eine Seite längs zum Kern mit einem sehr scharfen Messer ab. Tun Sie jetzt dasselbe auf der anderen Seite der Frucht. Schneiden

Sie mit dem Messer das Innere der beiden Kuppeln, die Sie auf diese Weise erhalten haben, in Würfel. Drücken Sie die Mitte der Kuppel nach oben und nehmen Sie die Würfel mit Hilfe eines Löffels heraus. Entsaften Sie sie. Servieren Sie diesen sehr dicklichen Saft mit Quellwasser aufgefüllt bei Zimmertemperatur. Wenn Sie den Saft nicht unmittelbar zu trinken geben wollen, fügen Sie ein paar Tropfen Zitrone hinzu, damit er nicht oxydiert.

Fruchtcocktails [ab der 7. Woche]

Wenn Ihr Baby bereits alle Früchte einzeln gekostet hat, lassen Sie es köstliche Mischungen entdecken:

Apfel-Rhabarbersaft
Himbeer-Johannisbeersaft
Apfel-Birnensaft
Apfel-Kiwisaft
Birnen-Mirabellensaft
Wassermelonen-Orangensaft

Gemüsesäfte
(ab den ersten Wochen)

Außer den leidenschaftlichen Anhängern von Rohkost und Makrobiotik wollen wir hier niemandem Saft aus grünen Bohnen oder Blumenkohl vorschlagen.

Manche Gemüse ergeben einen schmackhaften Saft, oftmals besser bekömmlich als Fruchtsäfte und ebenso reich an Vitaminen, Mineralsalzen und Spurenelementen.

Wie bei den Fruchtsäften genügen dem Baby auch hier, bis zur siebten Woche, 15 ml. Trinken Sie den Rest selbst. O ja, denn auch Sie brauchen eine gewaltige Energiezufuhr!

Karottensaft [ab der 7. Woche]

Im Frühling wie das ganze Jahr über ist die Karotte Spitzenreiter in der Hitparade der Gesundheit. Reich an Vitaminen A und C, enthält sie auch Calcium, Phosphor und Magnesium. All das ist gut für die Zähne, die Augen und hilft gegen Erkältungen. Darüber hinaus ist die Karotte ein ausgezeichneter Regulator des Darmsystems, sei es überaktiv (Diarrhö) oder zu faul. Kurzum, ob Sie die Karotte ohne weitere Zutaten oder mit ein paar Tropfen Zitrone essen, stets ist sie sehr schmackhaft!

- 2 unbehandelte Karotten
- Quellwasser (natriumarmes und kohlensäurefreies Mineralwasser)

Schälen und schneiden Sie die Karotten in Stücke. Entsaften Sie sie. Verlängern Sie den puren Saft mit etwas Quellwasser (etwa 10 ml).

Fügen Sie ein paar Tropfen Zitrone hinzu.

Fenchelsaft [ab der 7. Woche]

Seit der Antike wird Fenchel zur Verbesserung der Verdauung eingesetzt; er fördert bei stillenden Müttern die Milchbildung. Wenn Sie dem Saft ein wenig Honig hinzufügen, erleichtert er das Einschlafen, und sein leichter Anisgeschmack ist erfrischend.

- ½ Fenchelknolle

Schneiden Sie das Kraut des Fenchels ab, bevor sie ihn in große Stücke schneiden und entsaften.

Selleriesaft [ab der 7. Woche]

Roher Sellerie ist bekömmlich und erfrischend, sehr reich an Kalium und enthält auch all die anderen natürlichen mineralischen Elemente. Sein leicht pikanter Saft stimuliert den Organismus.

- 2 Selleriestangen
- Quellwasser (natriumarmes und kohlensäurefreies Mineralwasser)

Entfernen Sie die spelzigen Fasern von der Haut der Stangen und schneiden Sie sie in große Stücke, die Sie dann entsaften. Verlängern Sie mit ⅓ Quellwasser.

Rote-Bete-Saft [ab der 7. Woche]

Obwohl sie häufig gekocht und eingelegt verkauft wird, gibt die Rote Bete ihr Bestes nur im rohen Zustand. Sie ist reich an Vitaminen A, B und C und besitzt im Überfluß Mineralsalze und Spurenelemente. Mit ihrem sehr bekömmlichen und von Natur aus süßlichen Saft ist sie ein besonders kraftspendendes Gemüse.

- 1 rohe Rote Bete
- Quellwasser (natriumarmes und kohlensäurefreies Mineralwasser)

Schälen Sie die Rote Bete. Schneiden Sie sie zum Entsaften in Stücke und verlängern Sie um 1/3 mit Quellwasser.

Avocadocreme [ab 3 Monaten]

Die Avocado wird in Brasilien als Eiskrem oder in gezuckerter Milch zu jeder Tageszeit und von allen Altersgruppen lustvoll verspeist. Auch wenn sie in Europa eher als Vorspeise oder als Salat-Beilage eingesetzt wird, ist diese Delikatesse aus Lateinamerika in Wirklichkeit doch eine Frucht. Überladen mit Vitaminen und Kraftspendern, kann sie die Basis für eine Rohkostmahlzeit abgeben.

- 1 Avocado
- Zitronensaft
- gutes Meersalz
- etwas Quellwasser

Schneiden Sie die Avocado in zwei Hälften. Nehmen Sie mit Hilfe eines kleinen Löffels das Fruchtfleisch heraus und geben Sie es in den Mixer, zusammen mit einem Spritzer Zitrone, einer kleinen Messerspitze Salz und so viel Quellwasser, daß sich eine cremige Konsistenz ergibt.

Tomatensaft [vom 7. Monat bis zu 77 Jahren]

Es ist ratsam abzuwarten, bis das Darmsystem des Babys besser ausgereift ist, um den vorzüglichen, jedoch sehr säurehaltigen Saft dieses fruchtartigen Gemüses zu verdauen, das im 16. Jahrhundert aus Peru zu uns kam. Tomatensaft läßt sich bestens mit Selleriesaft mischen.

- 2 Tomaten
- 1 Selleriestange
- Quellwasser (natriumarmes und kohlensäurefreies Mineralwasser)

Putzen Sie die Selleriestange, enthäuten und entkernen Sie die Tomaten und entsaften Sie sie dann. Verlängern Sie den Saft um ⅓ mit Quellwasser. Mit 7 Monaten sind 60 g für Ihr Kind ausreichend.

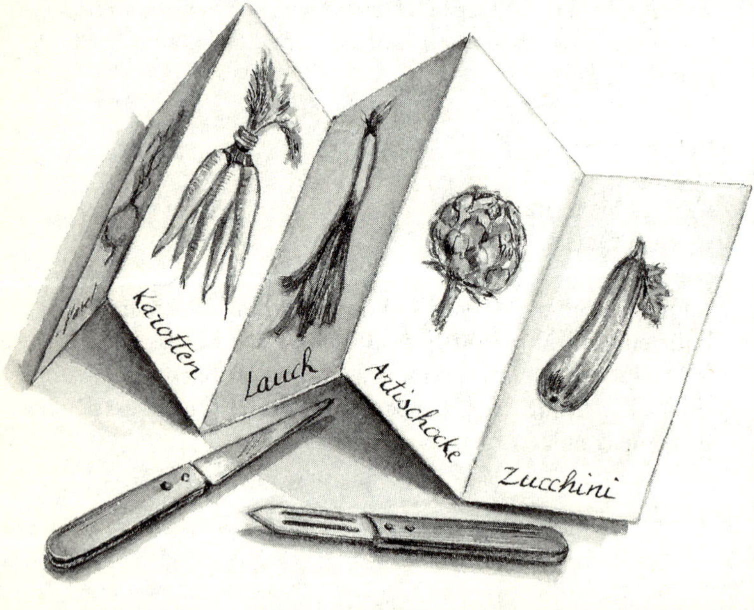

Die ersten Gemüsebouillons

Hhmm, riecht die Suppe köstlich!

Im ›flüssigen Alter‹ ersetzt die Bouillon in der Babyflasche ab der 3. Woche das Quellwasser und bringt dem Säugling Mineralsalze, Spurenelemente und verschiedene Geschmacksrichtungen. Anfangs sind Sie es, die gekochtes Gemüse essen werden, dann aber, ab dem 3. Monat, können Sie es im Mixer pürieren, um die Bouillon in der Babyflasche damit anzureichern.

Grundrezept für alle Bouillons

Bringen Sie im Schnellkochtopf 25 cl Wasser zum Kochen und geben Sie das Gemüse, wenn möglich aus biologischem Anbau, hinein, das Sie geputzt und in Stücke geschnitten haben. Verschließen Sie den Topf und lassen Sie das Gemüse die jeweils angegebene Zeit kochen. (Die in den Rezepten angegebene Kochzeit beginnt, sobald die vorgeschriebene Markierung am Druckventil des Schnellkochtopfs sichtbar wird.)

Karottenbouillon [ab 2 Monaten]

Kochzeit: 15 Minuten

Beginnen wir mit der Karottenbouillon. Die Karotte hat einen leicht süßen Geschmack, für den sich der zukünftige Feinschmecker begeistern wird.

Karottenbouillon mit Grün
Ein anderes Mal kochen Sie die Karotte mit ihrem sorgfältig gewaschenen Grün. Achten Sie darauf, daß sich wirklich kein Rest Erde daran befindet. Der Geschmack der Bouillon bekommt eine nussig-süße Nuance.

Fenchelbouillon [ab 2 Monaten]

Kochzeit: 20 Minuten

Der Fenchel, Freund der stillenden Mütter, steht der Karotte in dem Sinne nahe, daß auch er ein ausgezeichneter Regulator der Verdauungsfunktionen ist. Sein Geschmack läßt an Anis denken.

Rote-Bete-Bouillon [ab 2 Monaten]

Kochzeit: 20 Minuten

Rote Bete versorgt das Nervensystem mit Mineralien und bringt es ins Gleichgewicht. Mütter sollten nicht beunruhigt sein, wenn diese sehr rote Bouillon auch den Inhalt der Babywindel rot färbt.

Zwiebelbouillon [ab 2 Monaten]

Kochzeit: 10 Minuten

Aber ja doch, Zwiebeln für das Baby. In der Bouillon ist sie sehr mild und zuckrig, sie ist das Gemüse mit den meisten Mineralsalzen, sie stimuliert die Bauchspeicheldrüse.

Rübchenbouillon [ab 2 Monaten]

Kochzeit: 10 Minuten

Es gibt keinen guten Rindfleischeintopf ohne weiße Rübchen. Zusammen mit Karotte und Lauch ist sie das Bouillongemüse par excellence. Noch dazu ist sie ein Entwässerer der Leber. Vergessen Sie nicht, sie in Würfel zu schneiden, sie wird schneller gar und gibt mehr Geschmack an die Bouillon ab.

Rübchenbouillon mit Grün
Am nächsten Tag können Sie, wie bei der Karotte, auch das Grün der weißen Rübchen mitkochen.

Gurkenbouillon [ab 2 Monaten]

Kochzeit: 7 Minuten

Die gekochte Gurke hat einen sehr angenehmen Geschmack. In der Erwartung, daß Ihr Baby nicht die ganze Gurke verzehrt, bewahren Sie auf, was übrig bleibt, um es als Beilage, beispielsweise zu Fisch, selbst zu essen.

Lauchbouillon [ab 3 Monaten]

Kochzeit: 20 Minuten

Kochen Sie eine ganze, in Stücke geschnittene Lauchstange. Ihr Geschmack ist ganz und gar nicht abstoßend, im Gegenteil, das Baby, das bereits an verschiedene Geschmacksrichtungen gewöhnt ist, wird sie ganz sicher mögen.

Weizenkeimbouillon [ab 3 Monaten]

Kochzeit: 5 Minuten

Keime oder Sprossen enthalten die geballte Energie der gesamten Pflanze, Proteine, Mineralsalze, Vitamine wie das für das Wachstum so wichtige B 12. Sie sind daher für Säuglinge ganz besonders zu empfehlen, die ihren angenehmen und leicht süßen Geschmack zu schätzen wissen.

Geben Sie eine Handvoll Weizenkeime in kaltes Wasser und erhitzen Sie es bis kurz vor dem Siedepunkt. Es sollte nicht kochen.

Sojasprossenbouillon [ab 3 Monaten]

Oder auch Keime von Linsen, Erbsen, halben Erbsen...
Kochzeit: 5 Minuten

Schenken Sie dem Geschmack Ihres Kindes genügend Aufmerksamkeit! Ihr Baby zeigt Ihnen mit dem Appetit, den es seinem Fläschchen entgegenbringt, seine Vorlieben.

Nach einigen Wochen können Sie die verschiedenen Gemüse je nach Vorliebe miteinander kombinieren. Um den Geschmackssinn zu wecken, ist es aber sinnvoll, mit den Gegensätzen der einzelnen Geschmacksrichtungen zu spielen und nicht vorschnell alles miteinander zu mischen.

Bereiten Sie die Bouillon auf dieselbe Weise zu wie die Weizenkeimbouillon.

Das dickflüssige Alter
(von 3 bis 6 Monaten)

Uff! Drei Monate, der kleine Oskar oder die niedliche Julia werden endlich zu sozialen Wesen, es wird endlich möglich, mit ihnen zu leben. Man muß es einfach zugeben, unsere lieben kleinen Blond-, Brünett- oder Kahlköpfchen haben während dieser Periode (von der Geburt bis zum 3. Monat) eine gewisse Tendenz gezeigt, ihre Erzeuger zu ermüden. Eltern eines Säuglings zu sein, ich kann Ihnen sagen! Ringe unter den Augen und vollkommen erschöpfte Gesichter sprechen eine deutliche Sprache von den harten Prüfungen, die hinter uns liegen. Das Baby leidet immer noch recht häufig unter Dyspepsie (Verdauungsstörungen) und, wie auch immer seine Ernährung aussehen mag, endet das stets bei der Frage, ob die Apotheker redliche Leute (ist diese Milch wirklich gut?), die Gemüsehändler Betrüger sind (sind Obst und Gemüse wirklich frisch?) oder ob wir nicht vielleicht doch einen Fehler damit begangen haben, nicht wieder zum Stillen zurückzukehren.

Fügen wir noch hinzu, daß während dieser ersten 15 Wochen das sprachliche Repertoire unseres angebeteten Sprößlings ziemlich begrenzt ist:

- Schriller Schrei = »Ich brauche Liebe«, »Ich habe Hunger«, »Ich habe Durst«, »Ich hab da gerade ein äußerst unangenehmes Gefühl am unteren Ende meiner Person (meine Wihindel!)«, »Ich will schlafen!«
- Quengelnder Schrei, mit weniger hohem Geräuschpegel als der vorgenannte, doch ebenso gebieterisch: signalisiert dieselben Unannehmlichkeiten, wenn auch ein wenig schwächer. Doch es steht zu befürchten, daß die Lage sich wieder verschärft, wenn wir nicht blitzschnell alle Forderungen erfüllen.
- Baby läuft blau an vor Wut: passiert, wenn wir die beiden ersten Forderungen nicht erfullt haben. Ihre Nachbarn werden die Kinderfürsorge verständigen, doch das ist Ihnen egal, es wird Sie sogar ein wenig beruhigen.
- Die Mimik: offener Mund, Mundwinkel, die sich bis zu den Ohren hochziehen, und manchmal endet das Ganze in einem Grunzen: ein Ausdruck, den nur eine vor Liebe blinde Mutter für ein Lächeln halten kann.

- Engelslächeln, der Ausdruck reinen Glücks = an der Brust, mit dem Fläschchen im Mund oder im Schlaf.

Eine vollständige Sprache, die es unumgänglich gemacht hat, voller Sorge und häufiger als Ihnen recht sein konnte durch Zimmer, Wohnung oder Haus und sogar durch die Straßen Ihres Viertels zu rennen, ihr nicht zu tröstendes Engelchen im Arm. Eine Sprache, die Sie auch von der Anschaffung einer dieser kleinen länglichen Gummidinger überzeugt hat, lächerlich verziert mit einem Micky, Donald, Pluto oder irgendeiner anderen fröhlichen Dekoration: der Schnuller, den jedoch nie, nie! zu benutzen Sie fest entschlossen waren.

Kurz und gut, mit 3 Monaten, etwas früher vielleicht (was für ein Glück) oder ein wenig später (Geduld), paukt Baby seine ersten Verlautbarungen ein, bleibt ruhig (doch, doch) in seinem Babystuhl sitzen und betrachtet Sie glücklich, während Sie ihm mit viel Liebe ein kleines Mahl zubereiten.

Der Alptraum ist zu Ende... bis zu den ersten Zähnen.

Vom Gebrauch des Mehls

Warum dem Baby Mehl geben?

Darum!

Sie lachen?... Sie können massenhaft Handbücher befragen, die sich dieser interessanten Frage annehmen, Sie werden keine andere Antwort finden.

Es gibt keinerlei Verpflichtung, Kleinkindern Mehl zu geben. Mir persönlich scheint die Idee wenig verführerisch, aus meiner wunderbaren kleinen Tochter einen Sumokämpfer zu machen. Alice hat also die ersten Mehlsorten mit 5 Monaten probiert, denn in diesem Alter reichte ihr die Milchsuppe am

Abend nicht mehr. Ich habe ihr also etwas Tapioka oder gekochtes Maismehl hineingemischt, und dadurch gewannen wir einige sehr glückliche Stunden Schlaf.

Der Brei

Haben Sie sie mal gekostet, diese weißliche, manchmal leicht klumpige Zubereitung, die sich Brei nennt? Nichts für Feinschmecker... Er ist ganz schön mächtig, enthält alle nötigen Vitamine, aber ist er wirklich bekömmlich?

Die Verbindung von Mehl und Milch, das heißt von stärkehaltigen Nahrungsmitteln und tierischen Fetten, wird vom Körper nur sehr langsam verarbeitet, da dieser dazu neigt, das Fett einzulagern. Nicht erstaunlich, daß Ihr kleiner Liebling, wenn er viel davon ißt, bald wie ein wabbliger Buddha aussieht. Ebensowenig erstaunlich, wenn er die Pampe wieder ausspuckt oder ein enthusiastischer Löffel ihm als Startbasis für sein Projektil aus Brei dient, das er fröhlich in der Luft herumschwenkt.

Einziger Sonderfall: kein Mehl für die ganz Kleinen, denn sie verfügen noch nicht über das zu seiner Verdauung notwendige Enzym.

Wenn Sie Ihrem Kind Mehl geben wollen:

- Beginnen Sie damit, dem Abendfläschchen einen Teelöffel beizumischen, ab zwei, zweieinhalb Monaten oder später bei Kindern, die gut schlafen, ohne zu fordern.
- Wählen Sie vorzugsweise Mehle ohne beigefügten Zucker aus.
- Die vorgekochten Mehle können sofort aufgelöst werden, wenn Ihr Kind sie jedoch nicht gut verdaut, ist anzuraten, sie trotzdem noch einige Minuten zu kochen.
- In höchstem Maße unverdaulich: die Mischung verschiedener getreidehaltiger Produkte, und noch schlimmer, wenn Früchte hinzugefügt werden.

Resümee:
Getreide und getreidehaltige Produkte sind besser bekömmlich:

- lange gekocht
- nicht vermischt
- in Verbindung mit Milch oder einer Gemüsesuppe.

Babyfläschchen
Privatsammlung

Das Gute aus der Milch: Frischkäse

- Frischkäse und Quark sind weniger sauer als Joghurt und einfacher zu verdauen als frische Milch.
- Frischer Ziegenkäse ist weniger fett und in seiner Zusammensetzung der Muttermilch näher.
- Ein paar Tropfen Pflanzenöl aus erster Kaltpressung wegen seiner kostbaren und lebenswichtigen Fettsäure.
- Manchmal etwas gutes Meersalz wegen seiner ausgezeichneten Spurenelemente.
- Vermischt mit Früchten und rohem Gemüse wegen ihrer Vitamine.

Am besten ist das alles, wenn es noch mit Liebe serviert wird!

Quark mit blauen Weintrauben [ab 4 Monaten]

- 1 kleine Traube blauer Weintrauben
- 40 g Quark
- 4 Tropfen Traubenkernöl aus erster Kaltpressung
- Zitronensaft
- etwas Quellwasser (natriumarmes und kohlensäurefreies Mineralwasser)

Lassen Sie die Weintrauben einige Sekunden in Zitronenwasser baden (um mögliche Spuren von Pflanzengift zu beseitigen).

Nehmen Sie die Kerne heraus und entsaften Sie das Traubenfleisch.

Fügen Sie einige Tropfen Zitrone hinzu und vermischen Sie alles mit dem Quark und dem Traubenkernöl. Geben Sie die Mischung in das Fläschchen und füllen Sie noch mit etwa 10 ml Quellwasser auf.

Karottenroter Frischkäse [ab 4 Monaten]

- 1 unbehandelte frische Karotte
- 60 g Frischkäse
- 4 Tropfen Sonnenblumenöl aus erster Kaltpressung
- Zitronensaft
- Quellwasser (natriumarmes und kohlensäurefreies Mineralwasser)

Schälen und entsaften Sie die Karotte. Vermischen Sie den Saft mit Doppelrahmkäse und Sonnenblumenöl. Geben Sie diese Creme in das Fläschchen und füllen Sie mit Quellwasser auf.

Fenchelapfel mit Frischkäse [ab 4 Monaten]

Eine wenig geläufige und dennoch sehr schmackhafte Mischung. Sehr gut verdaulich und besonders wertvoll fürs Baby.

- 60 g Frischkäse
- ½ Apfel
- 50 g Fenchel
- 4 Tropfen Sonnenblumenöl
- Quellwasser (natriumarmes und kohlensäurefreies Mineralwasser)

Schälen und entkernen Sie den Apfel, putzen Sie den Fenchel und entsaften Sie beides.

Vermischen Sie den Saft mit dem Frischkäse und dem Sonnenblumenöl und geben Sie die Mischung in das Fläschchen. Füllen Sie mit Quellwasser auf.

Bananencreme mit Frischkäse [ab 4 Monaten]

- ½ Banane
- 60 g Frischkäse
- 4 Tropfen Traubenkernöl aus erster Kaltpressung
- Quellwasser (natriumarmes und kohlensäurefreies Mineralwasser)

Geben Sie alle Zutaten in den Mixer, mit einigen Tropfen Zitrone, um das Verfärben der Banane zu verhindern. Geben Sie die Mischung in das Fläschchen und füllen Sie mit Quellwasser auf. Gut schütteln, um eine homogene Creme zu erhalten.

Avocadocreme mit frischem Ziegenkäse [ab 4 Monaten]

- ½ Avocado
- 40 g frischer und ungesalzener Ziegenkäse
- Saft einer Zitrone, wenn möglich einer Limette
- 1 Messerspitze Meersalz
- Quellwasser (natriumarmes und kohlensäurefreies Mineralwasser)

Schneiden Sie die Avocado in 2 Hälften. Lösen Sie mit einem Löffel das Fleisch heraus und geben Sie es zusammen mit einem Spritzer Zitrone, einer kleinen Messerspitze Salz und dem Ziegenkäse in den Mixer. Fügen Sie Quellwasser hinzu, bis das Ganze cremig ist.

Frischer Ziegenkäse mit Kresse [ab 4 Monaten]

Kresse schmeckt gut, ist gesund und stimuliert. Sie ist besonders reich an Eisen.

- ¼ Bündchen Kresse
- 40 g frischer und ungesalzener Ziegenkäse
- 4 Tropfen Olivenöl aus erster Kaltpressung
- gutes Meersalz
- Zitronensaft
- Quellwasser (natriumarmes und kohlensäurefreies Mineralwasser)

Waschen Sie die Kresse sorgfältig in Zitronenwasser. Trocknen Sie die Blätter und geben Sie sie in den Entsafter. Mischen Sie den Saft mit dem Ziegenkäse, dem Olivenöl, ein paar Tropfen Zitrone und einer kleinen Messerspitze Salz. Geben Sie das Ganze in das Fläschchen und füllen Sie mit Quellwasser auf.

Kürbismus mit frischem Ziegenkäse [ab 4 Monaten]

- 80 g Kürbis (ein kartoffelgroßes Stück)
- 40 g Ziegenkäse, frisch und ungesalzen
- 4 Tropfen Sonnenblumenöl aus erster Kaltpressung
- Meersalz
- Quellwasser (natriumarmes und kohlensäurefreies Mineralwasser)

Schälen Sie den Kürbis, schneiden Sie ihn in große Würfel und entsaften Sie diese. Geben Sie den frischen Ziegenkäse dazu, das Öl und eine kleine Prise Salz. Geben Sie die Mischung in das Babyfläschchen und füllen Sie mit Quellwasser auf.

Iß deine Suppe, damit du groß und stark wirst!

Das Baby ist 4 Monate alt. Seit seiner Geburt hat es mit Hilfe seines Fläschchens die unterschiedlichsten Konsistenzen getestet. Am Abend hat Mama die Milch schon mal mit Reisflocken eingedickt, um einen guten Schlaf vorzubereiten. Jetzt aber treten all diese wunderbaren Gemüse, im Mixer oder der Küchenmaschine zerkleinert, ihren Siegeszug in Babys Speisekarte an.

Endlich können Sie mit Ihrem Baby die gastronomischen Wonnen guter Suppen teilen. Jetzt ist Baby groß!

Ursprünglich war die Suppe für eine Mahlzeit so unverzichtbar wie das Stück Brot. Indem sie die heftigen Attacken des Hungers mildert und die Anstrengungen des Tages vergessen macht, ist die Suppe gewissermaßen der Hausarzt.

Alle Mann fertig machen zum Entern! Ähh… Nein! Alle Mann an die Suppe!

Vergessen wir die Forscher, die zusammen mit drei Wurzeln und einigen Kräutern in einen riesigen Kochtopf gesteckt und dort gegart wurden. Man kocht Suppe, seit der Mensch das Feuer entdeckte, und das ist keine Zauberei.

Man tut praktisch alles in die Suppe, was eßbar ist: Gemüse, Fleisch, Knochen, alte Hühnergerippe, Speisereste, Wasser, Milch, sogar Bier und Wein. Ich rate Ihnen jedoch, Ihr Suppenprogramm auf der Basis dieser Rezepte hier aufzubauen, die unter Garantie bekömmlich und schmackhaft sind.

Wird ein Schnellkochtopf verwendet, gilt die angegebene Garzeit, sobald der Topf verschlossen ist und der Druckanzeiger die vorgeschriebene Markierung erreicht hat.

Lauchsuppe [ab 4 Monaten]

Der Lauch, den man in den Gemüsegärten Europas findet, ist das Symbol der guten Suppe. Die Franzosen lieben ihren »Poireaux« so sehr, daß sie ihn zur Symbolfigur eines landwirtschaftlichen Verdienstordens gemacht haben.

Man kann ihn roh essen, gebraten, gekocht, als herzhafte Torte oder als Pastete. Er ist wegen des Aromas beliebt, das er an die Bouillon abgibt, und er läßt, wie man anständigerweise hinzufügen sollte, die anderen Gewürze und Geschmacksrichtungen besser hervortreten.

Rezept für 3 Personen
Vorbereitung: 5 Minuten
Kochzeit: 15 Minuten im Schnellkochtopf

- 1 ganze Lauchstange
- 3 Kartoffeln
- 1 Würfel Hühnerbouillon*
- 3/4 Liter Wasser
- 2 Eßlöffel Crème fraîche
- Meersalz
- Pfeffer und geriebener Emmentaler Käse für die Erwachsenen

Waschen und schneiden Sie den Lauch in Stücke, schälen, waschen und schneiden Sie die Kartoffeln in Stücke. Lösen Sie die Hühnerbouillon in kochendem Wasser auf, rühren Sie um und geben Sie das Gemüse dazu. Verschließen Sie den Schnellkochtopf. Die Garzeit beträgt, sobald der Druckanzeiger die vorgeschriebene Markierung erreicht hat, 15 Minuten. Geben Sie danach das Ganze in den Mixer, damit Sie eine cremige Konsistenz bekommen.

* Die Würfelbouillon ist ein guter Geschmacksbringer, aber Vorsicht! Sie enthält Salz. Fügen Sie also nicht zuviel davon hinzu.
Falls Sie keinen Schnellkochtopf haben, können Sie für dieses Rezept auch einen normalen Kochtopf verwenden, indem Sie die Suppe 25 Minuten kochen lassen.

Kurz bevor Sie auftragen, geben Sie die Crème fraîche oder ein Stück kalter Butter dazu, **entnehmen Sie dann die Portion fürs Baby**. Schmecken Sie für die Erwachsenen mit Pfeffer und geriebenem Emmentaler ab.

Lauchsuppe Feinschmeckerversion [ab 9 Monaten]

Sie können das vorstehende Rezept variieren, indem Sie das Gemüse im Schnellkochtopf langsam in etwas Butter und einem Löffel Öl anbraten, bevor Sie es mit der Bouillon weiterkochen lassen. Sie können außerdem etwas Milch hinzufügen, bevor Sie alles in den Mixer geben.

Soupe Julienne [ab 4 Monaten]

Die Soupe Julienne ist ein Basisgericht, der große Winterklassiker der traditionellen französischen Küche, ein ländliches Gemüse-Allerlei.

Rezept für 3 Personen
Vorbereitung: 10 Minuten
Kochzeit: 15 Minuten im Schnellkochtopf

- 1 Zwiebel
- 1 Lauchstange
- 1 weißes Rübchen
- 2 Karotten
- 2 Kartoffeln
- ¾ Liter Wasser
- 2 Petersilienstengel
- Meersalz
- Pfeffer für die Erwachsenen

Schälen und schneiden Sie alles Gemüse und werfen Sie es in das kochende Salzwasser. Verschließen Sie den Topf und lassen Sie das Gemüse 20 Minuten garen. **Entnehmen Sie die Portion fürs Baby.** Schmecken Sie für die Erwachsenen mit Pfeffer ab.

Wenn Sie keinen Schnellkochtopf haben, können Sie dasselbe Gericht auch 25 Minuten lang in einem normalen Kochtopf kochen.

Soupe Julienne nach Bauernart [ab 12 Monaten]

Sie können vorstehendes Rezept variieren, indem Sie das Gemüse im Schnellkochtopf langsam in etwas Butter und einem Löffel Öl oder auch mit einem Stück geräuchertem Speck anbraten, bevor Sie es kochen.

Gurkencreme [ab 4 Monaten]

Die Gurke ist eine Frucht aus der großen Familie der Kürbisse, jener netten runden Dickwanste!

Rezept für 3 Personen
Vorbereitung: 5 Minuten
Kochzeit: 10 Minuten im Schnellkochtopf + 2 Minuten

- 1 Gurke
- 3 Kartoffeln
- ¾ Liter Wasser
- 2 Eßlöffel Maizena
- 2 Eßlöffel Crème fraîche
- Meersalz
- Pfeffer und Muskatnuß für die Erwachsenen

Schälen und entkernen Sie die Gurke und schneiden sie in Würfel. Schälen und schneiden Sie auf gleiche Weise die Kartoffeln. Verschließen Sie den Schnellkochtopf und kochen Sie das Gemüse 10 Minuten. Öffnen Sie den Topf und rühren Sie Maizena und Crème fraîche hinein. Nach 2 Minuten ist das Ganze eingedickt. In den Mixer damit und fertig. **Entnehmen Sie die Portion fürs Baby,** bevor Sie mit Pfeffer, Muskat und gehackter Petersilie für die Erwachsenen abschmecken.

Wenn Sie keinen Schnellkochtopf haben, können Sie das Gericht auch 25 Minuten lang in einem normalen Topf zubereiten.

Blumenkohlsuppe [ab 4 Monaten]

Blumenkohl, weniger kräftig als Weißkohl, ist sehr gut bekömmlich und eine ausgezeichnete Wintersuppe.

Rezept für 3 Personen
Vorbereitung: 5 Minuten
Kochzeit: 10 Minuten im Schnellkochtopf

- 1 Stange Lauch (nur das Weiße davon)
- 2 Kartoffeln
- 200 g Blumenkohl
- 1 Eßlöffel Crème fraîche
- ¾ Liter Wasser
- Meersalz
- Pfeffer, Muskatnuß, geriebener Emmentaler für die Erwachsenen

Schälen und waschen Sie das Weiße des Lauchs, schneiden Sie es in Scheiben. Schälen und schneiden Sie die Kartoffeln in Stücke. Schneiden Sie den Blumenkohl in große Stücke und legen Sie alles Gemüse in kochendes Wasser. Verschließen Sie den Schnellkochtopf und lassen Sie das Gemüse 10 Minuten garen. Geben Sie alles zusammen mit der Crème fraîche in den Mixer, damit Ihre Suppe cremig wird.

Kurz bevor Sie auftragen, **entnehmen Sie den Teil fürs Baby** und schmecken Sie für die Erwachsenen mit Pfeffer und Muskatnuß ab.

Sie können dieses Gericht variieren, indem Sie, wenn die Suppe serviert ist, noch geriebenen Emmentaler darübergeben.

Falls Sie über keinen Schnellkochtopf verfügen, können Sie dieses Gericht auch in einem normalen Topf zubereiten, indem Sie es 20 Minuten kochen lassen.

Tomatensuppe [ab 4 Monaten]

Die Tomate ist die Lieblingsfrucht des Gärtners, von dem man sagt, daß er sich im Frühling sogar vor ihr ausziehen würde, um sie erröten zu lassen.

Rezept für 3 Personen
Vorbereitung: 5 Minuten
Kochzeit: 10 Minuten im Schnellkochtopf

- 1 Zwiebel
- 4 schöne Tomaten
- 3 Kartoffeln
- ¾ Liter Wasser
- 2 Eßlöffel Crème fraîche
- Meersalz
- Pfeffer für die Erwachsenen
- feine Kräuter
- 1 Spritzer Weinessig

Schälen und schneiden Sie die Zwiebel und die Kartoffeln in Stücke. Schneiden Sie die enthäuteten Tomaten in große Stücke. Bringen Sie das Wasser im Schnellkochtopf zum Kochen, geben Sie das Gemüse hinzu und verschließen Sie den

Topf. Die Garzeit beträgt 10 Minuten. Geben Sie alles zusammen mit der Crème fraîche in den Mixer, um eine cremige Suppe zu bekommen.

Kurz bevor Sie auftragen, **entnehmen Sie die Portion fürs Baby** und schmecken für die Erwachsenen mit Pfeffer, einem Essigspritzer und feinen Kräutern ab.

Um nicht weinen zu müssen, schälen Sie die Zwiebeln unter laufendem Wasser. Um die Tomaten auf einfache Weise enthäuten zu können, legen Sie sie einige Minuten in siedendes Wasser. Die Haut der abgekühlten Tomate läßt sich jetzt leicht mit den Fingern abrollen.

Falls Sie über keinen Schnellkochtopf verfügen, können Sie das Gericht auch 20 Minuten lang in einem normalen Topf zubereiten.

Tomatensuppe Feinschmeckerversion [ab 6 Monaten]

Sie können dieses Rezept variieren, indem Sie das Gemüse im Schnellkochtopf langsam in etwas Butter und einem Löffel Öl anbraten.

Schnelle Tomatensuppe [ab 4 Monaten]

Wenn Sie vom Vortag einen Rest Kartoffeln, Nudeln oder Reis übrigbehalten haben.

Rezept für 3 Personen
Vorbereitung: 5 Minuten
Kochzeit: 3 Minuten

- 1 Zwiebel
- 3 Tomaten

- 1 kleines Schälchen gekochte Kartoffeln, Nudeln oder Reis
- 1 Eßlöffel Weißes vom Lauch
- 1 Eßlöffel Tomatenkonzentrat
- ¾ Liter Wasser
- 2 Eßlöffel Crème fraîche
- Meersalz
- Pfeffer für die Erwachsenen

Bringen Sie das gesalzene Wasser zum Kochen.

Geben Sie folgendes in Ihren Mixer: 1 Eßlöffel Lauch, die Crème fraîche, die Tomaten, den Inhalt Ihres Reste-Schüsselchens und das Tomatenkonzentrat. Gießen Sie das heiße Wasser darüber und pürieren Sie alles. Fertig. Dies ist eine Suppe mit Charakter, sie hat einen sehr frischen und angenehmen Geschmack.

Suppe mit kleinen Fischen [ab 5 Monaten]

Rezept für 3 Personen
Vorbereitung: 15 Minuten
Kochzeit: 15 Minuten im Schnellkochtopf

- 1 kleiner Merlan oder ein Schwanz vom Seelachs (200 g)
- 1 Stange Lauch
- 1 Zwiebel
- 1 Karotte
- 2 Kartoffeln
- 1 gestrichener Eßlöffel Tomatenkonzentrat
- ½ Bouillonwürfel
- 1 Eßlöffel Olivenöl aus erster Kaltpressung
- Pfeffer und milde Paprika für die Erwachsenen

Waschen, schälen und schneiden Sie die Kartoffeln, das Weiße vom Lauch, Zwiebel und Karotte. Lösen Sie den Bouillonwürfel in kaltem Wasser auf. Nehmen Sie den Fisch aus, schneiden

Sie ihn in 3 Stücke und vergessen Sie nicht den Kopf. Geben Sie ihn mit dem Gemüse und dem Tomatenkonzentrat in die Bouillon. Verschließen Sie den Schnellkochtopf und lassen Sie alles 15 Minuten kochen.

Nehmen Sie jetzt Kopf, Schwanz und Gräten des Fisches heraus, der während des Kochens auseinandergefallen ist. Verarbeiten Sie alles zusammen mit dem Öl im Mixer und **entnehmen Sie dann die Portion fürs Baby**. Schmecken Sie für die Erwachsenen mit Pfeffer oder mildem Paprika ab.

Salatsuppe [ab 6 Monaten]

Rezept für 3 Personen
Vorbereitung: 5 Minuten
Kochzeit: 10 Minuten

- 1 großer Kopfsalat oder 2 Kopfsalat-Herzen
- ¾ Liter Milch
- 2 Eßlöffel Maizena (wenn erwünscht)
- Meersalz
- 1 Messerspitze Currypuder
- Pfeffer für die Erwachsenen

Entfernen Sie die äußeren welken Blätter des Salats, waschen und schneiden Sie ihn ganz fein. Lassen Sie ihn einige Minuten im Schnellkochtopf in etwas Butter und einem Teelöffel Sonnenblumenöl anbräunen (das Öl verhindert, daß die Butter braun wird, und macht gleichzeitig die Sache bekömmlicher). Fügen Sie den Curry hinzu und löschen Sie mit der Milch ab, salzen Sie und bringen Sie die Suppe kurz zum Kochen. Fertig. Wenn Sie die Suppe etwas dickflüssiger wünschen, können Sie das zuvor in etwas Wasser aufgelöste Maizena dazugeben.

Entnehmen Sie die Portion fürs Baby und schmecken Sie für die Erwachsenen mit Pfeffer ab.

Blättersuppe [ab 6 Monaten]

Bleibt Ihrem Erfindergeist überlassen!
Sie können dasselbe Rezept variieren, indem Sie den Kopfsalat ersetzen durch Chinakohl, Radieschenkraut, Endivien, Fenchel, Spinat, Kresse, Basilikum oder Knoblauch. Sie können eins oder mehrere dieser Gemüse in Ihre Suppe geben, sie wird immer sehr schmackhaft sein.

Gärtnerinsuppe [ab 6 Monaten]

Es lebe der Frühling! Die Zeit der Kirschen und des jungen Gemüses…

Rezept für 3 Personen
Vorbereitung: 15 Minuten
Kochzeit: 15 Minuten im Schnellkochtopf

- 1 Handvoll feine Erbsen
- 1 Handvoll grüne Bohnen (ohne Faden)
- 3 junge Karotten
- 2 weiße Rübchen
- 1 Tomate
- 1 Zwiebel
- 1 Eßlöffel Kalbsfond
- ¾ Liter Wasser
- Meersalz
- Pfeffer für die Erwachsenen

Schälen und schneiden Sie Karotten, Rübchen und Zwiebel in Stücke. Palen Sie die Erbsen aus, entfernen Sie die Stiele der Bohnen und schneiden Sie auch diese in Stücke.

Lassen Sie im Schnellkochtopf in etwas Butter und einem Teelöffel Sonnenblumenöl zunächst die Zwiebel, dann die Tomate und das andere Gemüse leicht bräunen. Geben Sie den

Kalbsfond hinein oder, wenn Sie gerade keinen zur Hand haben, einen Bouillonwürfel. Gießen Sie das kochende und gesalzene Wasser darüber, verschließen Sie den Topf und lassen Sie das Gemüse 15 Minuten garen. **Entnehmen Sie die Portion fürs Baby und geben sie in den Mixer.** Die Erwachsenen und Kinder, die bereits Zähne haben, können diese Suppe unpüriert essen. Schmecken Sie für die Erwachsenen mit Pfeffer ab.

Kalbsfond muß sehr lange kochen, aber man findet ihn auch gebrauchsfertig im Handel. Er ist eins der Geheimnisse großer Küchenchefs, denn er gibt allem einen ausgezeichneten Geschmack. Die Würfelbouillon ist auch ein guter Geschmacksgeber, aber Vorsicht, sie ist gesalzen: also nicht zuviel Salz hinzufügen.

Falls Sie keinen Schnellkochtopf haben, können Sie dieses Gericht auch in einem normalen Topf zubereiten. Kochzeit 25 Minuten.

Selleriecremesuppe nach Schneewittchenart [ab 6 Monaten]

Rezept für 3 Personen
Vorbereitung: 5 Minuten
Kochzeit: 20 Minuten im Schnellkochtopf

- 1 Sellerieknolle
- ½ Liter Wasser
- 1 großes Glas Milch
- 1 Eigelb
- 3 Salbeiblätter
- ½ Zitrone
- 2 Eßlöffel Crème fraîche
- Meersalz
- Pfeffer, Muskatnuß und geröstete Brotwürfel für die Erwachsenen

Schälen, waschen und schneiden Sie den Sellerie in Streifen, die Sie im Schnellkochtopf mit einem Stück Butter und einem Löffel Sonnenblumenöl anbraten. Gießen Sie kochendes Salzwasser darüber, fügen Sie die ½ Zitrone und die Salbeiblätter hinzu. Verschließen Sie den Topf und kochen Sie das Ganze 15 Minuten.

Währenddessen verrühren Sie Eigelb, Crème fraîche und Milch. Öffnen Sie den Schnellkochtopf und geben Sie diese Mischung hinein. Zerdrücken Sie die gekochte Zitrone zwischen zwei Löffeln, damit sie ihren Geschmack an die Suppe abgeben kann, nehmen Sie sie heraus und mixen Sie den Rest durch.

Kurz bevor Sie auftragen, **entnehmen Sie die Portion fürs Baby** und schmecken für die Erwachsenen mit Pfeffer und Muskat ab. Zu dieser Suppe passen gut in Butter geröstete Brotwürfel.

Falls Sie keinen Schnellkochtopf haben, können Sie dieses Gericht auch in einem normalen Topf zubereiten, indem Sie es 40 Minuten kochen lassen.

Schottensuppe [ab 6 Monaten]

Rezept für 3 Personen
Vorbereitung: 15 Minuten
Kochzeit: 15 Minuten im Schnellkochtopf

- 200 g frische weiße Bohnen mit Hülsen
- 1 Handvoll feine Erbsen
- 1 Zwiebel
- 1 Karotte
- 3 Petersilienstengel
- ¾ Liter Wasser
- 1 Eßlöffel Crème fraîche
- 1 Glas Milch
- 1 Eigelb

- Meersalz
- Pfeffer für die Erwachsenen

Entfernen Sie die Stiele von den Bohnen und palen Sie die Erbsen aus. Schälen und schneiden Sie Karotte und Zwiebel in Stücke und lassen Sie alles im Schnellkochtopf mit etwas Butter und einem Teelöffel Sonnenblumenöl leicht bräunen. Verschließen Sie den Topf und lassen Sie das Gemüse 15 Minuten kochen.

Währenddessen verrühren Sie das Eigelb mit Crème fraîche und Milch. Geben Sie diese Creme nach Ende der Kochzeit in den Topf. **Entnehmen Sie die Portion fürs Baby** und pürieren Sie diese im Mixer. Schmecken Sie für die Erwachsenen mit Pfeffer und fein gehackter Petersilie ab. Sie können auf dem Teller nach Belieben Crème fraîche hinzufügen.

Falls Sie keinen Schnellkochtopf haben, können Sie dasselbe Gericht auch in einer normalen Kasserolle zubereiten. Kochzeit: 35 Minuten.

Suppe »Cinderella auf dem Kürbis« [ab 6 Monaten]

Rezept für 3 Personen
Vorbereitung: 5 Minuten
Kochzeit: 10 Minuten im Schnellkochtopf

- 300 g Kürbisfleisch
- 2 Kartoffeln
- ¾ Liter Wasser
- 1 Glas Milch oder 2 Eßlöffel Crème fraîche
- Meersalz
- Pfeffer und / oder Ingwerpuder für die Erwachsenen

Setzen Sie Kartoffeln und Kürbis, in Stücke geschnitten, mit dem Wasser im Schnellkochtopf auf, verschließen Sie ihn und lassen Sie das Ganze 10 Minuten lang kochen. Mixen Sie dann alles durch, bis Sie die erwünschte Sämigkeit erreicht haben, und fügen Sie die Crème fraîche hinzu.

Kurz bevor Sie auftragen, **entnehmen Sie den Teil fürs Baby** und schmecken Sie für die Erwachsenen ganz nach Wunsch mit Pfeffer und / oder Ingwerpuder ab.

Um das Vergnügen zu variieren:
Sie können der Kürbissuppe auch geschälte und in Stücke geschnittene Karotten hinzufügen.

Das Rezept ist ebenso ausgezeichnet, wenn Sie den Kürbis mit einigen unter klarem Wasser gewaschenen Spinatblättern ergänzen, oder mit einem Stück frischen Fenchels, von dessen Knolle Sie ungefähr ein Drittel in Stücke schneiden.

Falls Sie keinen Schnellkochtopf haben, können Sie dieses Gericht auch in einem normalen Topf zubereiten. Die Kochzeit beträgt dann ungefähr 30 Minuten.

Rotkäppchensuppe mit Champignons [ab 6 Monaten]

Rezept für 3 Personen
Vorbereitung: 7 Minuten
Kochzeit: 5 Minuten im Schnellkochtopf

- 300 g Champignons
- 3 schöne Zwiebeln
- ¾ Liter Wasser oder Hühnerbouillon
- 2 Eßlöffel Maizena
- 1 Eßlöffel Öl aus erster Kaltpressung oder
  2 Eßlöffel Crème fraîche
- Meersalz
- Pfeffer für die Erwachsenen

Waschen, putzen und schneiden Sie die Champignons. Schälen und schneiden Sie die Zwiebel in feine Scheiben, braten Sie sie

Meine erste Kürbissuppe

im Schnellkochtopf in Öl an und geben Sie die Champignons dazu. Gießen Sie das Wasser oder die Hühnerbouillon darüber (1 Würfel, in kochendem Wasser aufgelöst), salzen Sie und verschließen Sie den Topf. Lassen Sie alles 5 Minuten garen.

Lösen Sie das Maizena in ganz wenig kaltem Wasser auf. Öffnen Sie den Topf und geben sie Crème fraîche und Maizena dazu. Nach 2 Minuten ist die Mischung etwas eingedickt. Geben Sie sie jetzt in den Mixer. Das war's. **Entnehmen Sie die Portion fürs Baby** und schmecken Sie für die Erwachsenen mit Pfeffer ab.

Falls Sie keinen Schnellkochtopf haben, können Sie dieses Rezept auch in einer normalen Kasserolle zubereiten, indem Sie Champignons und Zwiebeln gut 10 Minuten kochen lassen.

Däumlings Suppe [ab 12 Monaten]

Bohnen, Erbsen, Linsen...

Ah! Suppen aus Hülsenfrüchten sind einfach köstlich! Warum essen wir so etwas eigentlich nicht häufiger?

Rezept für 3 Personen
Vorbereitung: 5 Minuten
Kochzeit: 30 Minuten im Schnellkochtopf

- 150 g halbe Erbsen
- 1 Karotte
- 1 Zwiebel
- 1 Glas Milch
- 1 Eßlöffel Honig
- 1 Lorbeerblatt
- 1 Messerspitze Kaisernatron
- Pfeffer und geröstete Brotwürfel für die Erwachsenen

Schälen und schneiden Sie Karotte und Zwiebel in Stücke und geben Sie sie zusammen mit den halben Erbsen und dem Lorbeer in den Schnellkochtopf, bedecken Sie alles mit kochendem Wasser, salzen und fügen Sie das Natron hinzu. Verschließen Sie den Topf und lassen Sie das Ganze 20 Minuten garen. Öffnen Sie den Topf, geben Sie Milch und Honig hinein, lassen Sie noch einen Augenblick lang kochen und verarbeiten Sie alles im Mixer.

Kurz bevor Sie auftragen, **entnehmen Sie die Portion fürs Baby** und geben Sie für die Erwachsenen noch die Crème fraîche, Pfeffer und die in Butter gerösteten Brotwürfel dazu.

Das (doppeltkohlensaure) Natron hat den Vorteil, daß es bei anfälligen Menschen das Problem von Blähungen beseitigt. In winzigen Mengen ist es fürs Baby völlig gefahrlos.

Falls Sie keinen Schnellkochtopf haben, können Sie dieses Gericht auch in einem normalen Kochtopf zubereiten. Kochzeit: 45 Minuten.

Suppe aus roten Bohnen [ab 12 Monaten]

Rote Bohnen sind auf den Antillen und in Lateinamerika besonders beliebt. Sie bilden die Grundlage für eine große Anzahl von exotischen Rezepten. Man ißt sie als Suppe, in Ragouts und als Gemüse. Sie werden oft von den kleinen, sehr scharfen Pfefferschoten, von Fleisch, Fisch und auch Reis begleitet.

Rezept für 3 Personen
Vorbereitung: 5 Minuten
Kochzeit: 30 Minuten im Schnellkochtopf

- 150 g rote Bohnen
- 1 Karotte
- 1 Zwiebel
- ¾ Liter Wasser
- 1 Würfel Rindsbouillon
- 3 Eßlöffel Olivenöl aus erster Kaltpressung
- 1 Lorbeerblatt

- 1 Knoblauchzehe
- 1 Messerspitze Natron
- Meersalz
- 1 Messerspitze scharfer, roter Pfeffer und
- 1 Zwiebel, gehackt und geröstet, für die Erwachsenen

Schälen und schneiden Sie Karotte und Zwiebel in Stücke. Geben Sie sie zusammen mit Bohnen und Lorbeerblatt in den Schnellkochtopf, gießen Sie die Rindsbouillon darüber und geben Sie das Natron hinein. Verschließen Sie den Topf und lassen Sie das Ganze 30 Minuten kochen. Öffnen Sie den Topf und fügen Sie das Olivenöl hinzu.

Entnehmen Sie die Portion fürs Baby und verarbeiten Sie sie im Mixer. Schmecken Sie für die Erwachsenen mit scharfem Pfeffer ab. Sie können das Gemüse auch auf dem Teller mit einer Gabel zerdrücken und nach Belieben die kleinen gerösteten Zwiebelstückchen dazugeben.

Wenn Sie keinen Schnellkochtopf haben, können Sie dieses Gericht auch in einem normalen Topf zubereiten. Kochzeit: 50 Minuten.

Kalte Suppen

Das Baby spielt mit seinem Löffelchen und panscht herum, während seine Suppe ganz kalt wird. **Ich hab's! Geben Sie ihm doch gleich eine kalte Suppe. Im Sommer ist das sowieso viel besser.**

Suppe Rose-Marie aus Vichy [ab 4 Monaten]

Die »Vichyssoise« ist ganz einfach eine Suppe aus Lauch und Kartoffeln mit Crème fraîche, einer halben Gurke und frischen Kräutern.

Rezept für 3 Personen
Vorbereitung: 5 Minuten
Kochzeit: 10 Minuten im Schnellkochtopf

- 1 Lauchstange, nur das Weiße
- 2 schöne gekochte Kartoffeln oder ein Rest gekochter Reis
- 1 Eßlöffel Kalbsfond
- ½ Liter Wasser
- 1 Eßlöffel Sonnenblumenöl
- 1 Kerbelstengel oder etwas Fenchelkraut
- 1 Gurke
- 1 Eßlöffel Crème fraîche oder Quark
- Meersalz
- Pfeffer für die Erwachsenen

Waschen und schneiden Sie den Lauch in Scheiben und bräunen Sie ihn im Schnellkochtopf kurz in etwas Butter und dem Sonnenblumenöl an. Schälen, waschen und schneiden Sie die Kartoffeln in Stücke und fügen Sie sie hinzu. Geben Sie den Kalbsfond dazu oder, wenn Sie keinen haben, einen in heißem

Wasser aufgelösten Würfel Rindsbouillon. Gießen Sie kochendes Salzwasser darüber. Verschließen Sie den Topf und lassen Sie das Ganze 10 Minuten garen.

Pürieren Sie die geschälte, entkernte und in Stücke geschnittene Gurke, den Fenchel oder Kerbel mit der Crème fraîche und dem Salz. Das war's. Jetzt müssen Sie die Suppe nur noch abkühlen lassen. Kurz bevor Sie auftragen, **entnehmen Sie die Portion fürs Baby** und schmecken Sie für die Erwachsenen mit Pfeffer ab.

Um die Suppe schnell abzukühlen, geben Sie einige Eiswürfel hinein und rühren sie um.

Melonensuppe [ab 4 Monaten]

Die Melonensuppe ist eine Delikatesse und eine hervorragende Art Melone zu essen, ohne daß sie zu süß ist.

Rezept für 3 Personen
Vorbereitung: 10 Minuten
Kochzeit: 7 Minuten

- 300 g gehackte Zwiebel (etwa 4)
- 1 Honigmelone von etwa 1 Kilo
- 1 Teelöffel Zucker
- 3 Eßlöffel gehobelte Mandeln für die Erwachsenen

Schälen Sie die Zwiebeln unter laufendem Wasser (damit Sie nicht weinen müssen) und zerkleinern Sie sie. Legen Sie sie dann auf einen Teller, decken Sie sie mit Frapan-Folie oder einem Deckel zu und lassen sie in der Mikrowelle bei Höchsttemperatur 7 Minuten garen.

Entkernen Sie die Melone und schälen Sie das Fleisch mit Hilfe eines Suppenlöffels heraus.

Pürieren Sie die gegarten Zwiebeln, das Melonenfleisch und den Zucker, bis Sie eine flüssige Konsistenz erhalten.

Diese Suppe ist noch besser, wenn sie einige Stunden vor dem Verzehr zubereitet und in einem luftdicht geschlossenen Behälter im Kühlschrank aufbewahrt worden ist.

Kurz bevor Sie auftragen, **entnehmen Sie die Portion fürs Baby**. Lassen Sie dann die gehobelten Mandeln in einer Pfanne leicht anbräunen und streuen Sie sie über die Teller der Erwachsenen.

Avocadosuppe [ab 4 Monaten]

Die Avocadosuppe ist eine Wintersuppe, voll von guten Vitaminen und hervorragend, um Erkältungen zu bekämpfen. Die Suppe ist viel origineller und besser verdaulich als die Avocado in Vinaigrette, und sie hat eine schöne, pistaziengrüne Färbung.

Rezept für 3 Personen
Vorbereitung: 15 Minuten
Kochzeit: 7 Minuten

- 1 Karotte
- 2 Avocados
- 1 Zitrone
- 4 Joghurt
- 1 Messerspitze Meersalz
- 1 Zweig Basilikum oder frische Minze
- Pfeffer für die Erwachsenen

Schälen und zerkleinern Sie die Karotte im Mixer. Legen Sie sie auf einen Teller, decken sie mit Frapan-Folie oder einem Dekkel zu und lassen Sie 7 Minuten bei Höchsttemperatur in der Mikrowelle garen.

Schneiden Sie die Avocados auf und schälen Sie das Fleisch mit Hilfe eines Löffels heraus. Pressen Sie die Zitrone aus. Geben Sie Karotte, Avocadofleisch, Basilikum, Joghurt, Zitronensaft und Salz in den Mixer. Pürieren Sie solange, bis das Ganze eine flüssige Konsistenz hat.

Diese Suppe ist noch besser, wenn sie einige Stunden vor dem Verzehr zubereitet und in einem luftdicht geschlossenen Behälter im Kühlschrank aufbewahrt worden ist.

Ab dem 6. Monat können Sie diese Zubereitung etwas eindicken mit einem Stück Weißbrot, das Sie in Wasser eingeweicht und dann ausgedrückt haben. Sie können den Geschmack auch mit einem Zweig frischer Minze variieren.

Kurz bevor Sie auftragen, **entnehmen Sie die Portion fürs Baby** und schmecken Sie für die Erwachsenen mit Pfeffer ab.

Soupe Anisette [ab 4 Monaten]

Rezept für 3 Personen
Vorbereitung: 7 Minuten
Kochzeit: 10 Minuten im Schnellkochtopf

- 1 Fenchelknolle
- 1 Stange Sellerie
- 1 große Zucchini
- ½ Avocado
- ½ Liter Wasser
- 2 Joghurt
- Sternanis (2 Sterne)
- Meersalz
- Pfeffer für die Erwachsenen

Waschen, putzen und schneiden Sie Sellerie, Fenchel und Zucchini klein. Werfen Sie dies zusammen mit dem Sternanis in das kochende Salzwasser im Schnellkochtopf. Verschließen Sie den Topf und lassen Sie das Gemüse 10 Minuten garen.

Schälen Sie mit Hilfe eines Löffels das Fleisch aus der Avocado heraus und geben Sie es zusammen mit dem Joghurt in den Mixer. Gießen Sie die Suppe dazu und mixen Sie alles, bis Sie eine flüssige Konsistenz erhalten. Lassen Sie die Suppe 1 Stunde im Kühlschrank abkühlen.

Kurz bevor Sie auftragen, **entnehmen Sie die Portion fürs Baby** und schmecken für die Erwachsenen mit Pfeffer ab.

Als Beilage zu dieser Suppe empfehle ich kleine Fleischpasteten in Blätterteig.

Sternanis findet man in asiatischen Geschäften. Er wird sehr oft bei der Zubereitung von Tee verwendet, da er die Verdauung anregt. Sie können ihn für die Erwachsenen durch einige Tropfen anishaltigen Alkohol (Pernod) ersetzen.

Um die Suppe rasch abzukühlen, werfen Sie einige Eiswürfel hinein und rühren sie um.

Falls Sie keinen Schnellkochtopf haben, können Sie das Gericht auch in einem normalen Topf zubereiten. Kochzeit: 25 Minuten.

Spargelsuppe [ab 9 Monaten]

In der Spargelsaison hat man nicht immer die Zeit oder die Mittel, Spargel in großen Mengen zuzubereiten. Für eine gute Suppe reicht es jedoch immer.

Rezept für 3 Personen
Vorbereitung: 10 Minuten
Kochzeit: 10 Minuten im Schnellkochtopf

- 200 g Spargel
- ½ Liter Wasser
- 1 großes Glas Milch
- 2 Eßlöffel Maizena
- 1 Eigelb
- 2 Eßlöffel Crème fraîche
- 1 halbe Zitrone
- 2 Estragonzweige

- Meersalz
- Pfeffer für die Erwachsenen

Waschen und schälen Sie den Spargel und werfen Sie ihn in das kochende Salzwasser. Verschließen Sie den Schnellkochtopf und lassen Sie den Spargel 7 Minuten garen. Öffnen Sie den Topf und nehmen Sie den Spargel vorsichtig heraus. Legen Sie die Köpfe beiseite, die unzerkleinert auf den Teller kommen werden. Pürieren Sie den restlichen Spargel mit seiner eigenen Bouillon und passieren Sie das Ganze, damit nicht möglicherweise Fäden in der Suppe zurückbleiben. Gießen Sie jetzt die Suppe in den Topf zurück, zusammen mit dem in der kalten Milch aufgelösten Maizena, und erhitzen Sie sie noch 1 Minute, bis sie leicht eindickt. Verrühren Sie das Eigelb zusammen mit Crème fraîche, Zitrone und Estragon und rühren Sie die Mischung in die Suppe. Fertig! Kurz bevor Sie auftragen, **entnehmen Sie die Portion fürs Baby** und schmecken Sie für die Erwachsenen mit Pfeffer ab.

Diese Suppe schmeckt auch heiß sehr gut.

Man muß den Spargel gut waschen, damit keine Sandkörner zurückbleiben, die sehr unangenehm zwischen den Zähnen knirschen.

Um die Suppe rasch abzukühlen, werfen Sie einige Eiswürfel hinein und rühren sie um.

Falls Sie keinen Schnellkochtopf haben, können Sie das Gericht auch in einem normalen Topf zubereiten. Kochzeit: 30 Minuten.

Kinder-Gazpacho [ab 9 Monaten]

Gazpacho ist eine frische Sommersuppe, die bei den Spaniern sehr beliebt ist. Ihr Herstellungsprinzip ist ganz einfach. Was wir zunächst einmal als einen durchgemixten Tomatensalat bezeichnen würden, gibt es in den verschiedensten Varianten. Hier ist die meine:

Rezept für 3 Personen
Vorbereitung: 10 / 12 Minuten
Kochzeit: 8 Minuten

- 3 frische, enthäutete Tomaten
- 1 gestrichener Eßlöffel Tomatenkonzentrat
- ½ rote Paprika
- ½ Knoblauchzehe
- 1 mittlere Zwiebel
- 1 Basilikumzweig
- 1 Scheibe trockenes Weißbrot
- 2 Eßlöffel Olivenöl aus erster Kaltpressung
- 1 Spritzer Weinessig
- Meersalz
- Pfeffer oder Tabasco für die Erwachsenen

Weichen Sie das Brot auf einem Teller in etwas Quellwasser ein. Währenddessen entkernen und schneiden Sie die Paprikaschote in große Stücke und legen sie auf einen Teller, den Sie mit Frapan-Folie oder einem Deckel zudecken. Garen Sie sie in der Mikrowelle bei Maximaltemperatur 5 Minuten. Garen Sie auf dieselbe Weise die Zwiebel mit Schale (2 Minuten) und den Knoblauch (1 Minute), ebenfalls mit Schale.

Geben Sie die enthäuteten Tomaten, das Tomatenkonzentrat, die halbgegarte und geschälte Zwiebel, den ebenfalls geschälten Knoblauch und das aufgeweichte und mit den Händen ausgedrückte Brot in den Mixer, zusammen mit den Zutaten einer Vinaigrette: Öl und Essig, Salz und Basilikum. Mixen Sie das Ganze gründlich, damit Sie eine homogene Konsistenz bekommen.

Diese Suppe ist noch besser, wenn sie einige Stunden zuvor zubereitet worden und im Kühlschrank durchgezogen ist.

Kurz bevor Sie auftragen, **entnehmen Sie die Portion fürs Baby** und schmecken Sie für die Erwachsenen mit Pfeffer und einem Spritzer Tabasco ab.

Es ist wichtig, die Tomaten zu enthäuten, da die kleinen Schalenfetzen sich im Mixer nicht zerkleinern lassen und die glatte Konsistenz der Suppe ein wenig verderben. Um sie einfach zu enthäuten, legen Sie sie kurz in kochendes Wasser. Die Haut läßt sich dann sehr einfach mit den Fingern abrollen.

Wenn man die Zwiebeln in der Mikrowelle gegart hat, muß man hinterher beim Schälen nicht weinen; Ihr Kind wird keine Probleme bei der Verdauung haben und Sie keinen schlechten Atem vom Knoblauch.

Wenn Sie kein Basilikum zur Hand haben, können Sie auch Schnittlauch verwenden.

Variation für die Großen

Folgen Sie demselben Rezept unter Verwendung aller Zutaten im Rohzustand: Knoblauch, Zwiebel, Paprika…

Fischsuppe

Das feste Alter
(ab 6 Monaten)

Hühnchen mit Ananas

Die unterschiedlichen Konsistenzen

Im »festen« Alter ist es wichtig, unseren zukünftigen Genießer ans Kauen zu gewöhnen. Mit der industriellen Fertignahrung und den Lebensmitteln, die systematisch im Mixer verarbeitet werden, wissen die Kinder das Beißen immer weniger zu schätzen. Während das Weiche, da einfacher zu schlucken, in der Wachstumsperiode der Zähne noch sehr viel verlockender ist, lieben Kinder andererseits knackige Äpfel und Karotten und knusprige Kekse.

Es ist eine gute Idee, im Laufe eines Tages oder selbst während einer Mahlzeit Ihr Baby Nahrungsmittel von unterschiedlicher Konsistenz kosten zu lassen und, ab dem Ende des 4. Monats, in der Küchenmaschine zerkleinerte oder fein gehackte Nahrung und sogar einige Gramm geraspelten Schinken in Babys Mahlzeiten einzuführen.

Das Auge ißt mit

Wenn die Menschen von der Landwirtschaft aus ihren Höhlen herausgelockt wurden, wenn Adam und Eva das irdische Paradies wegen eines einzigen knackigen Apfels verlassen haben, wenn seit der ältesten Antike die Künstler Gemüse gemalt haben, so darum, weil sie Symbol sind für die Freuden der Sinne.

Sehen, Hören, Riechen, Tasten, Schmecken

Statt Ihrem Kind einen Kauring zu geben, um das Zahnen zu unterstützen, geben Sie ihm doch einfach Rettich, Karotte, ein Stück Fenchel oder Stangensellerie zu kauen. Die Babys in den tropischen Ländern kauen am Zuckerrohr.

Die Stimulierung des Tastsinns ist Teil des Lernprozesses hin zum differenzierten Schmecken.

Machen Sie sich den Spaß, das Baby die Besonderheiten verschiedener Lebensmittel entdecken zu lassen:

das rauhe Äußere der Winterbirne
das Weich-fließende von Camembert und Eiern
das Krustige einer Gratin
das Cremige der durchgerührten Banane
das Gallertartige von Fruchtgelee
das Eisig-schmelzende eines Sorbets
das Weiche des Puddings

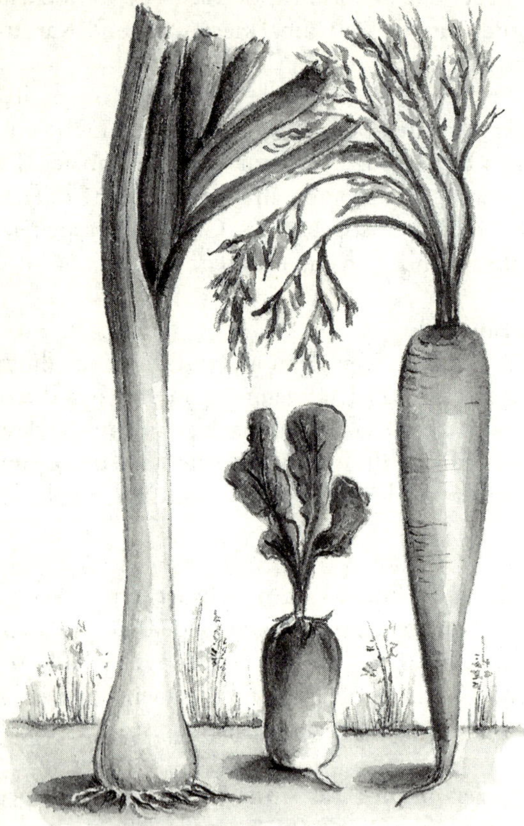

Vorspeisen

Früchte und Gemüse, roh verzehrt, enthalten ein Maximum an Nährwerten, das sie an den Organismus weitergeben. Sie stekken voller Vitamine und all der guten Dinge, die das Wachstum fördern. Aber alles immer nur roh, das ist nicht sonderlich aufregend und zeugt nicht von ausgeprägtem Feinschmeckersinn. Feinschmecker sind Forscher, Neugierige, Entdecker von neuen Geschmacksrichtungen und neuen Erfahrungen.

Ich schlage Ihnen vor, mit Ihrem Kind auf Entdeckungsreise in die Geschmäcker der Natur zu gehen, indem Sie die verschiedenen Arten des Kochens würdigen und kombinieren. Es ist kaum zu glauben, aber Gemüse und Früchte stecken tatsächlich noch voller Geheimnisse!

Aprikosen, Tomaten, Erdbeeren, Spinat, Champignons, Zucchini usw. sind so unterschiedlich im Geschmack, je nachdem, ob sie roh oder gekocht sind, daß man fast sagen könnte, es sind nicht dieselben Früchte und Gemüse. Versuchen Sie also, sie gewissermaßen mit sich selbst in Einklang zu bringen, und Sie werden sehen, was für ungeahnte Möglichkeiten Sie haben! Um diese voll auszunutzen, können Sie das Gemüse schneiden, hacken, reiben, zerdrücken, auspressen und schnitzeln.

6 Monate: fein gehackt
9 Monate: geraspelt
12 Monate: in Scheiben und Streifen geschnitten

Effeuillé aus Roter Bete
Alexandre Dumas [ab 6 Monaten]

Sehr einfach und äußerst schmackhaft: Sie müssen nur die Rote Bete und die Béchamelsauce zusammenbringen. Eine warme und stärkende Vorspeise mit einer schönen roten Farbe.

Rezept für 3 Personen
Vorbereitung: 7 Minuten
Kochzeit: 10 Minuten

- 2 gekochte Rote Beten
- 1 Teelöffel Sonnenblumenöl
- 1 Eßlöffel Butter
- 2 Eßlöffel Weizenmehl
- 25 cl Milch
- Meersalz
- Pfeffer und Muskatnuß für die Erwachsenen

Schälen, waschen und trocknen Sie die Rote Bete auf Küchenpapier. Schneiden Sie sie mit einem Messer, mit einer Handreibe oder mit dem entsprechenden Einsatz der Küchenmaschine in feine Scheibchen.

Um die Béchamelsauce vorzubereiten, zerlassen Sie die Butter mit dem Öl in einer Kasserolle, rühren Sie das Mehl hinein, dann, nach und nach, die Milch und schließlich das Salz.

Wenn die Milch die richtige Temperatur erreicht hat, dickt die Sauce ein. Variieren Sie die Milchmenge je nach gewünschter Konsistenz. Wichtig ist allein, daß Sie die Sauce nicht aus den Augen lassen und immer wieder gut umrühren, weil diese Mischung dazu neigt, schnell anzubrennen. Einmal angebrannt, können Sie das Ganze wegschütten. Wenn Sie hingegen feststellen, daß die Sauce nicht flüssig genug und etwas klumpig ist, können Sie sie im Mixer noch retten. Jetzt müssen Sie nur noch die Rote Bete unter die Sauce rühren und fertig! **Entnehmen Sie die Portion fürs Baby** und schmecken Sie für die Erwachsenen mit Pfeffer und Muskatnuß ab.

Die Zubereitung der Béchamelsauce gelingt besser in einer dickwandigen oder einer mit Teflon beschichteten Kasserolle. Die Sauce setzt dann weniger schnell an.

Guacamole und Variation [ab 6 Monaten]

Die Avocado ist eine lateinamerikanische Frucht, sehr nahrhaft, reich an Vitaminen, Proteinen und zugleich sehr bekömmlich, denn sie steckt voller Chlorophyll. In den tropischen Ländern wird sie genauso geschätzt wie in der Normandie die Sahne. Mein Avocadopüree, sehr einfach herzustellen, ist eine Variante der Guacamole. Man kann sie als Beilage oder als kalte Vorspeise servieren, oder sie auch auf Toastbrot streichen und zusammen mit rohem Gemüse oder Tacos genießen.

Rezept für 3 Personen
Vorbereitung: 7 Minuten
Kochzeit: 10 Minuten

- 2 Avocados
- 1 Aubergine
- 2 Tomaten
- ½ Zitrone
- 1 Zweig Basilikum oder frischer Koriander
- Meersalz
- ½ Knoblauchzehe (nach Wunsch) und Cayennepfeffer für die Erwachsenen

Schälen und schneiden Sie die Aubergine in Stücke. Legen Sie sie auf einen Teller und decken sie mit Frapan-Folie oder einem Deckel ab, um sie 10 Minuten in der Mikrowelle bei maximaler Temperatur zu garen.

Schneiden Sie die Avocado auf, nehmen Sie den Kern und mit einem Löffel das Fruchtfleisch heraus. Entkernen und schneiden Sie die Tomate in Stücke, bevor Sie diese zusammen mit der abgetrockneten Aubergine, dem Avocadofleisch, Zitronensaft, Salz und den Kräutern in den Mixer geben.

Entnehmen Sie die Portion fürs Baby und schmecken Sie für die Erwachsenen mit Knoblauch und einer kleinen Prise Cayennepfeffer ab.

Variante der Guacamole
Ersetzen Sie die Aubergine durch 2 Zucchini. Sie sind in der Mikrowelle in 5 Minuten gar. Ersetzen Sie gleichfalls die Tomaten durch ½ Pampelmuse.

Die Guacamole hält sich gekühlt und in einem luftdicht verschlossenen Behälter 3 Tage lang.

Auberginenpüree [ab 9 Monaten]

Das Auberginenpüree, auch Auberginenkaviar genannt, ist eine orientalische Vorspeise. Ich ersetze einen Teil des Olivenöls durch Quark: das ist von den kleinen Mägen besser zu verdauen und für die Feinschmecker-Eltern leichter im Geschmack. Man kann es als Beilage, als Vorspeise oder auch auf Toast genießen.

Rezept für 3 Personen
Vorbereitung: 7 Minuten
Kochzeit: 30 Minuten

- 2 Auberginen
- 100 g Quark (20 % Fett i. Tr.)
- 5 Eßlöffel Olivenöl aus erster Kaltpressung
- ½ Zitrone
- 1 Zweig Basilikum oder frischer Koriander
- 1 Knoblauchzehe (nach Wunsch)
- Meersalz
- Pfeffer und süßer Paprika für die Erwachsenen

Heizen Sie den Backofen vor. Entfernen Sie die Stiele der Auberginen und schneiden Sie sie der Länge nach in zwei Hälften. Legen Sie die 4 Hälften unter den Backofen-Grill. Backen Sie sie 30 Minuten bei 240 Grad, wenn möglich mit Umluft.

Wenn die Auberginen gut sind, haben sie die bräunliche Färbung von gebackenem Brot und sind im Innern schmelzzart. Nehmen Sie sie aus dem Ofen und entfernen Sie mit Hilfe eines Löffels die Haut. Sind sie gar, lassen sie sich ganz leicht enthäuten, wenn nicht, verlängern Sie die Backzeit noch ein wenig. Schneiden Sie die Auberginen mit dem Löffel in je 2 bis 3 Stücke. Tun Sie sie dann zusammen mit Quark, Öl, Zitronensaft, Salz und den Kräutern in den Mixer.

Kurz bevor Sie auftragen, **entnehmen Sie die Portion fürs Baby** und schmecken Sie für die Erwachsenen mit Pfeffer und/oder Paprika ab.

Schnelle Variante

Schälen und schneiden Sie die Auberginen in Stücke. Legen Sie diese auf einen Teller und decken sie mit Frapan-Folie oder einem Deckel ab. Garen Sie sie 10 Minuten bei Höchsttemperatur in der Mikrowelle.

Das Auberginenpüree hält sich 48 Stunden in einem verschlossenen Behälter im Kühlschrank. Es schmeckt am Tage nach der Zubereitung sogar noch besser.

Karottensalat mit Orangen [ab 6 Monaten]

Ein Wintersalat, inspiriert von der marokkanischen Küche: ein frischer Geschmack, saftig und freundlich.

Rezept für 3 Personen
Vorbereitung: 5 Minuten

- 3 schöne, unbehandelte Karotten, gerieben
- 1 Zitrone

- ½ Orange
- ½ Orange in Stücken
- 1 Teelöffel Fenchelsamen
- 1 Eßlöffel Sesam

Schälen und reiben Sie die Karotten. Pressen Sie Zitrone und halbe Orange aus. Legen Sie Karotten auf einen tiefen Teller, übergießen Sie sie mit dem Saft und einem Löffel Öl, rühren Sie um. Dekorieren Sie die Orangenstücke darauf und streuen Sie den Fenchel darüber. Kurz bevor Sie auftragen, **entnehmen Sie die Portion fürs Baby** und mixen Sie sie im Mixer (bis zum 8. Monat). Schmecken Sie für die Erwachsenen ab.

Tomatensalat mit Kiwi [ab 6 Monaten]

Ein Salat für Frühling und Sommer, grün und leicht säuerlich, ein großzügiger Kraftspender.

Rezept für 3 Personen
Vorbereitung: 7 Minuten

- 4 schöne rote Tomaten
- 1 Kiwi
- 1 Messerspitze Meersalz
- 1 Eßlöffel Olivenöl
- 1 Zweig frischer Koriander
- Pfeffer für die Erwachsenen

Schälen und schneiden Sie die Tomaten in Scheiben. Ordnen Sie sie auf einem Teller in fröhlicher Runde an und salzen Sie sie. Enthäuten Sie die Kiwis und schneiden Sie sie ebenfalls in Scheiben. Legen Sie die grünen Scheiben auf die roten Scheiben, geben Sie das Olivenöl und den Koriander darüber. **Entnehmen Sie die Portion fürs Baby** und schmecken Sie für die Erwachsenen mit Pfeffer ab.

Um auf einfache Weise die Tomaten zu enthäuten, legen Sie sie einen Moment lang in einen Topf mit siedendem Wasser. Die Haut der kurz gebrühten Tomate kann jetzt leicht mit den Fingern abgerollt werden.

Meine bevorzugten Kochverfahren zur schnellen Zubereitung kleiner Gemüsemahlzeiten

Das Garen von Gemüse im Mikrowellenherd ähnelt der Methode des Kochens im Wasserdampf: Es ist perfekt für bestimmte Gemüsesorten in kleinen Mengen. Wenn Sie die Menge vergrößern, müssen Sie die Garzeit verlängern, und in dem Fall sind der traditionelle Backofen oder der Schnellkochtopf oftmals überlegen.

Garen im Wasserdampf

Dies ist eine Form des Kochens »durch Schock« im geschlossenen Behälter, die den Nahrungsmitteln weit mehr Geschmack erhält, als wenn sie im Wasser gekocht worden wären. Für den Blumenkohl beispielsweise ist das beste Kochverfahren das schnellste, und das ist auf jeden Fall der Wasserdampf im Schnellkochtopf. Ist in einem unserer Rezepte der Einsatz eines Schnellkochtopfs vorgesehen, gilt die angegebene Garzeit, sobald der Topf verschlossen ist und der Druckanzeiger die vorgeschriebene Markierung erreicht hat.

Garen im traditionellen Backofen

Dies ist ein »trockenes« Kochverfahren, das zwar ziemlich lange dauert, dafür aber keiner besonderen Fürsorge bedarf. Das Gemüse bräunt im Backofen gemächlich vor sich hin wie Brötchen oder Maronen. Beim Servieren gewinnt es durch Sauce, Crème fraîche oder zerlassene Butter.

Braten von rohem Gemüse in der Pfanne [ab 9 Monaten]

Fast alle geriebenen oder gerupften grünen Gemüse sind in der Pfanne in 5 Minuten gebräunt. Eine Kochmethode »al dente«, knackig und aromatisch. Das bis zur Bräune gebratene Gemüse bewahrt in seinem Innern alle Tugenden des Rohen. Verwenden Sie keine oder sehr wenig Butter oder Margarine, die sich bei hohen Temperaturen zersetzen.

Kartoffeln im Mikrowellenherd

Kochzeit: 4 Minuten

- 1 Kartoffel

Schälen, waschen und schneiden Sie die Kartoffel in Stücke, legen Sie sie mit ein wenig Wasser in ein Schüsselchen und dekken es mit Frapan-Folie oder einem Deckel ab. In der Mikrowelle bei maximaler Hitze 4 Minuten garen. Fertig!

Im Wasserdampf gegarte Kartoffeln

Kochzeit: 10 Minuten

- 1 Pfund neue Kartoffeln

Waschen und bürsten Sie die Kartoffeln, legen Sie sie ins Gemüsesieb des Schnellkochtopfs, schütten Sie ein Glas Wasser dazu und verschließen Sie den Topf. Kochen Sie die Kartoffeln 10 Minuten lang.

Kartoffeln im traditionellen Backofen

Backzeit: 40 Minuten

- 5 Kartoffeln

Ein Verfahren, das gesünder ist als das Garen in Aluminiumfolie. Sie sind knusprig und in der Mitte zart. Und es gibt nichts Einfacheres. Schneiden Sie einfach die Kartoffeln der Länge nach in zwei Hälften und legen Sie diese, ohne sie zu schälen, in den auf 200 Grad vorgeheizten Backofen. 40 unendliche Minuten lang. Ich serviere die gebackenen Kartoffeln mit einer Sahnesauce oder mit Quark. Wenn Sie die Kartoffeln in der Schale garen, sollten Sie sie vorher waschen und mit einem dieser grünen Topfkratzer abreiben, den Sie ausschließlich für diese Aufgabe verwenden.

Auberginen in der Mikrowelle

Kochzeit: 8 Minuten

- 1 Aubergine (350 g)

Schälen und schneiden Sie die Aubergine in kleine Stücke. Legen Sie die Stücke auf einen Teller und decken ihn mit Frapan-Folie oder einem Deckel ab, um sie in der Mikrowelle bei maximaler Leistung zu garen. Tupfen Sie sie anschließend trocken.

Auberginen im traditionellen Backofen

Backzeit: 30 Minuten

Schneiden Sie die Auberginen der Länge nach in 2 Hälften und legen Sie sie, mit Schale, auf den Rost des auf 200 Grad vorgeheizten Backofens. Nach 30 Minuten serviere ich sie ohne alle Zusätze oder mit einem Spritzer Olivenöl, Salz und gehacktem Basilikum.

Zucchini in der Mikrowelle

Kochzeit: 4 Minuten

- 2 Zucchini

Schneiden Sie die Zucchini in kleine Stücke, legen Sie sie auf einen tiefen Teller und decken ihn mit Frapan-Folie oder mit einem Deckel ab. Garen Sie sie bei maximaler Leistung.

Zucchini im traditionellen Backofen

Backzeit: 15 Minuten

Ohne sie zu schälen auf den Rost des Backofens damit, den Sie auf 200 Grad vorgeheizt haben.

Ich serviere sie mit einer Quarksoße, gewürzt mit etwas Dill, Minze oder Curry.

Chicorée in der Mikrowelle

Kochzeit: 10 Minuten

- 3 Chicorée

Vierteln Sie den Chicorée der Länge nach, legen Sie ihn auf einen Teller, mit Frapan-Folie oder einem Deckel bedeckt, und garen Sie ihn in der Mikrowelle bei Höchsttemperatur.

Ich serviere ihn wie gekocht oder mit einer Béchamelsauce und Käse gratiniert (ab 12 Monaten). Man muß den Chicorée nach dem Kochen natürlich gut abtropfen lassen, bevor man die Soße darübergießt.

Zwiebeln in der Mikrowelle

Kochzeit: 8 Minuten

- 3 große Zwiebeln

Vierteln Sie die Zwiebeln und entfernen Sie nur die Teile der Haut, die ganz von alleine abblättern. Legen Sie sie auf einen Teller, mit Frapan-Folie oder einem Deckel bedeckt, und garen Sie sie in der Mikrowelle bei Höchsttemperatur.

Auf diese Weise gegart sind die Zwiebeln gut bekömmlich und haben einen ausgezeichneten süßen Geschmack, der nichts mehr zu tun hat mit jenem der rohen Zwiebel. Sie lassen sich mit Hilfe eines Löffels abschälen. Man kann sie auch zu einem »delikaten Püree« zerkochen lassen oder sie im Mixer mit einer Béchamelsauce und etwas Currypuder verrühren.

Fenchel in der Mikrowelle

Kochzeit: 10 Minuten

- 1 Fenchelknolle (350 g)

Vierteln Sie den Fenchel der Länge nach. Legen Sie die Stücke auf einen Teller, mit Frapan-Folie oder einem Deckel bedeckt, und garen Sie ihn in der Mikrowelle bei Höchsttemperatur.

Eine erfrischende Idee: Übergießen Sie ihn mit etwas Minze-Zitronensaft.

Blumenkohl in Dampf gegart

Kochzeit: 4 Minuten

- ½ Blumenkohl

Teilen Sie den Blumenkohl in Röschen auf, die Sie in das Sieb des Schnellkochtopfs legen. Geben Sie ein Glas Wasser hinein, verschließen Sie den Topf und lassen Sie den Blumenkohl 4 Minuten garen.

Sie können den Blumenkohl servieren als warme Vorspeise, mit Olivenöl und Zitronensaft beträufelt oder als Gemüsebeilage mit Crème fraîche, mit einer Béchamelsauce und Kartoffeln, oder als Gratin mit einer Béchamelsauce und geriebenem Käse.

Bananengemüse in der Mikrowelle

Kochzeit: 5 Minuten

- 3 Bananen

Wählen Sie große, noch leicht grüne Bananen aus. Entfernen Sie die Schale und schneiden Sie sie der Länge nach in 2 Hälften. Legen Sie sie auf einen Teller, mit Frapan-Folie oder einem Deckel bedeckt, und garen sie in der Mikrowelle bei Höchsttemperatur. Die gekochte Banane ist besser bekömmlich als die rohe, man kann sie mit salzigen Speisen essen oder sie mit ein wenig Zimt als Nachspeise servieren.

Kochen von Naturreis

Kochzeit: 6 Minuten im Schnellkochtopf

- 1 kleines Schälchen Reis

Mehr als die Hälfte der Weltbevölkerung ernährt sich davon. Wenn sie kein spezielles Gerät zum Kochen von Reis besitzen, ist der Schnellkochtopf perfekt. Nachdem Sie den Reis gewaschen haben, geben Sie ihn mit der eineinhalbfachen Wassermenge in den Schnellkocher und lassen ihn 6 Minuten kochen.

Jetzt haben Sie alles selbst in der Hand!

Sie können jedes dieser Gemüse im Naturzustand servieren, einzeln oder vermischt, können warme Salate zubereiten, indem Sie rohe Gemüse, Tomaten, Zwiebeln, Avocados hinzufügen (ich rate Ihnen nicht dazu, Avocados zu kochen, sie bekommen einen ziemlich unangenehmen bitteren Geschmack).

Sie können diese Gemüse auch mit Schafs- oder Ziegenkäse servieren, oder als Beilage zu Fleisch und Fisch. Und schließlich können Sie sie, wenn Sie das vorziehen, auch noch zu Püree weiterverarbeiten.

Gemüsemahlzeit [ab 4 Monaten]

Servieren Sie: 2 Zucchini und eine Fenchelknolle, in der Mikrowelle gegart, 1 rohe Avocado, ½ Zitrone, Meersalz. Verarbeiten Sie die Portion fürs Baby mit etwas Quellwasser im Mixer.

Schneller Gemüseeintopf [ab 12 Monaten]

Bräunen Sie 5 Minuten in einer Pfanne mit Olivenöl: 2 Zucchini und 1 Aubergine, die Sie in der Mikrowelle gegart haben, und 3 rohe Tomaten. Würzen Sie mit Kräutern der Provence, Knoblauch, Meersalz und, für die Erwachsenen, mit Pfeffer.

Magische Karotten [ab 12 Monaten]

Die Karotte ist es, die Esel zum Laufen bringen kann, sie ist die Lieblingsspeise von Meister Lampe und den drei kleinen Schweinchen, sie macht den netten rosa Po, und sie macht liebenswert. Warum liebenswert? Weil sie verhindert, daß man schlechte Laune bekommt… will sagen: Die Karotte ist gut für die Leber. Und sie schärft die Sicht. Man findet sie in allen großen Küchen dieser Welt. Sie ist Number one in Suppen, Ragouts, Marinaden, Bouillons, man ißt sie roh oder gekocht, in der »Julienne«, gehackt, gerieben, püriert. Und sie ist so einfach in der Zubereitung – es grenzt schlichtweg an Magie.

Rezept für 3 Personen
Vorbereitung und Kochzeit: 7 Minuten

- 3 Karotten
- 1 Teelöffel Kreuzkümmel
- 1 Eßlöffel Sonnenblumenöl
- 1 Messerspitze Meersalz

Schälen und reiben Sie die Karotten. Lassen Sie sie mit einem Löffel Öl 5 Minuten auf lebhaftem Feuer in einer Teflonpfanne braten und schmecken Sie dann mit Kreuzkümmel ab. Das ist alles! Das auf diese Weise zubereitete Gemüse bewahrt in seinem Innern alle Tugenden der Rohkost.

Kurz bevor Sie auftragen, **entnehmen Sie die Portion fürs Baby** und schmecken Sie für die Erwachsenen ab.

Der Kreuzkümmel, auch Cumin genannt, unterscheidet sich im Geschmack nicht unwesentlich von dem Kümmel, der so wunderbar zu Kohlsuppen und würzigem Käse paßt. Sie bekommen den Kreuzkümmel in allen orientalischen Läden.

Gemüsegärtnerin [ab 9 Monaten]

Konsistenz al dente, unvergleichlicher Duft von Gemüse!

Rezept für 3 Personen
Vorbereitung: 5 Minuten
Kochzeit: 8 Minuten

- 2 Karotten
- 2 weiße Rübchen
- 1 Handvoll grüne Bohnen
- 1 Eßlöffel Sonnenblumenöl
- 1 Basilikumzweig
- Meersalz
- Pfeffer für die Erwachsenen

Entfernen Sie die Stengelchen von den grünen Bohnen. Geben Sie das Öl in die Pfanne und erhitzen Sie es 1 Minute, bevor Sie dann die Bohnen 3 Minuten darin bräunen. Währenddessen schälen und waschen Sie die Karotten und Rübchen, reiben und geben sie zu den Bohnen in die Pfanne und lassen alles zusammen noch weitere 5 Minuten bräunen. Überstreuen Sie das Gemüse mit dem gehackten Basilikum und salzen Sie. Fertig!

Kurz bevor Sie auftragen, **entnehmen Sie die Portion fürs Baby** und schmecken Sie für die Erwachsenen mit Pfeffer ab.

Sie können diese Gärtnerin auch kalt als Salat essen, indem Sie den Saft einer halben Zitrone hinzufügen.

Ratatouille Pascal [ab 9 Monaten]

Die Ratatouille ist der klassische französische Gemüseeintopf. Die Ratatouille Pascal ist die aromatischste, die ich jemals gegessen habe. Sie erhält den Geschmack und die ideale Konsistenz jedes einzelnen Gemüses. Sie ist ganz einfach zuzubereiten, jedoch nicht gerade sparsam im Umgang mit Geschirr und Küchengerät…

Im Gegensatz zu traditionellen Rezepten, in denen alles zusammen in einer Kasserolle gekocht wird, werden hier die Auberginen ½ Stunde im Backofen gegart, die Paprikaschoten 20 Minuten in der Pfanne, die Zucchini 5 Minuten in der Mikrowelle. Die Tomaten bleiben roh und werden zusammen mit Knoblauch, Öl und frischem Basilikum unmittelbar vor dem Servieren in den heißen Eintopf gegeben.

Rezept für 3 Personen
Vorbereitung: 35 Minuten (die Kochzeit + 5 Minuten)
Kochzeit: 30 Minuten

- 2 Auberginen
- 1 rote Paprika

- 1 grüne Paprika
- 2 Zucchini
- 4 Tomaten
- 6 Eßlöffel Olivenöl aus erster Kaltpressung
- 1 Zweig frisches Basilikum
- Meersalz
- 1 Knoblauchzehe und Pfeffer für die Erwachsenen

Heizen Sie Ihren Backofen vor, entfernen Sie die Stiele von den Auberginen und halbieren Sie sie der Länge nach. Legen Sie die 4 Hälften auf den Rost des Backofens. Backen Sie sie 30 Minuten bei 200 Grad, wenn möglich mit Umluft.

Entfernen Sie Stiel, Kerne und alles Weiße aus dem Innern der Paprikaschoten und schneiden Sie sie in feine Streifen. Braten Sie sie auf schwacher Flamme in einer Pfanne in 3 Löffeln Öl. Waschen und schälen Sie die Zucchini nur teilweise (die Haut birgt einen Großteil des Geschmacks), schneiden Sie sie in große Stücke und legen sie auf einen Teller, den Sie mit Frapan-Folie oder einem Deckel abdecken und dann 5 Minuten bei maximaler Temperatur in der Mikrowelle garen.

Waschen, entstielen und schneiden Sie die Tomaten in Scheiben oder in kleine Stücke.

Enthäuten Sie den Knoblauch, zerdrücken Sie ihn mit einer Presse oder mit zwei Gabeln auf einem Brettchen und geben ihn zusammen mit den feingeschnittenen Basilikumblättern in das Öl.

Wenn die Auberginen gar sind, haben sie die bräunliche Färbung von gebackenem Brot und sind im Innern schmelzendzart. Nehmen Sie sie aus dem Ofen und entfernen Sie die Haut mit Hilfe eines Löffels. Wenn die Kochzeit ausreichend war, geht das wie von selbst, wenn nicht, lassen Sie sie noch einige Minuten weiter braten.

Kurz bevor Sie auftragen, **entnehmen Sie die Portion fürs Baby** und schmecken Sie für die Erwachsenen mit dem Knoblauch-Basilikum-Öl und mit Pfeffer ab.

Pürees

Ah! Ah! Ahh! Wenn Ihre Kollegen Sie so sehen könnten, Nase und Mund aufgesperrt, vor Ihrem Baby, das seinen Mund gerade mal überhaupt nicht aufmachen will! Glücklicherweise hat jemand das Plastiklätzchen mit Reservoir erfunden, das alles auffängt, was runterfallen möchte, denn darin befindet sich ebensoviel wie auf dem Teller!

Ja, sein Baby mit dem Löffel zu füttern, ist wirklich Arbeit, die Geduld erfordert. Sie können ab dem 4. Monat damit beginnen. Das wäre der ideale Moment, um ihm Püree zu geben, aber damit eilt es nicht. Sie können auch damit fortfahren, ihm die dickflüssige Suppe aus dem Fläschchen mit dem großen Loch im Sauger zu geben.

Karotten-Kürbis-Püree [ab 5 Monaten]

Rezept für 3 Personen
Vorbereitung: 5 Minuten
Kochzeit: 10 Minuten im Schnellkochtopf

- 3 mittelgroße Karotten
- 400 g Kürbisfleisch
- ¾ Liter Wasser
- Meersalz
- ein kleines Stück Butter
- Pfeffer oder milder Curry für die Erwachsenen

Schälen Sie Karotten und Kürbis.

Schneiden Sie sie in Stücke und geben Sie alles mit dem Wasser und einer Messerspitze Salz in den Schnellkochtopf. Verschließen Sie ihn und lassen Sie das Gemüse 10 Minuten kochen.

Lassen Sie es dann abtropfen und pürieren Sie es im Mixer. Wärmen Sie das Püree noch einmal kurz im Topf auf und geben Sie ein Stückchen Butter dazu.

Kurz bevor Sie auftragen, **entnehmen Sie die Portion fürs Baby** und schmecken Sie für die Erwachsenen mit Pfeffer oder mildem Curry ab.

Püree aus Karotten und Kartoffeln [ab 6 Monaten]

Um ein wirklich gutes Kartoffelpüree zu machen, gibt es nichts Besseres als die klassische Methode: Räumen Sie Ihren Mixer weg, er verwandelt die Kartoffeln in eine klebrige Masse. Diesmal müssen wir uns vor dem guten alten Passiersieb oder dem Kartoffelstampfer verbeugen.

Rezept für 3 Personen
Vorbereitung: 5 Minuten
Kochzeit: 15 Minuten im Schnellkochtopf

- 2 mittelgroße Karotten
- 3 Kartoffeln
- ¾ Liter Wasser
- 2 Gläser Milch
- Meersalz
- ein Stückchen Butter
- Pfeffer, milder Curry oder Muskatnuß

Geben Sie die geschälten und in Stücke geschnittenen Karotten und Kartoffeln zusammen mit Wasser und Salz in den Schnellkochtopf. Verschließen Sie den Topf und lassen Sie Kartoffeln und Möhren 15 Minuten kochen. Erhitzen Sie die Milch (1 Minute in der Mikrowelle).

Lassen Sie das Gemüse dann abtropfen und passieren oder stampfen Sie es. Erhitzen Sie das Püree erneut auf kleiner Flamme und rühren Sie nach und nach mit einem Schneebesen die heiße Milch hinein, bis Sie eine cremige Konsistenz erhalten. Zum Schluß noch ein Stückchen Butter. Fertig.

Kurz bevor Sie auftragen, **entnehmen Sie die Portion fürs Baby** und schmecken Sie für die Erwachsenen, nach Wunsch, mit Pfeffer, mildem Curry oder Muskatnuß ab.

Falls Sie keinen Schnellkochtopf haben, können Sie dieses Gericht auch in einer normalen Kasserolle zubereiten. Kochzeit: 30 Minuten.

Zucchinipüree [ab 4 Monaten]

Rezept für 3 Personen
Vorbereitung: 5 Minuten
Kochzeit: 6 Minuten

- 4 mittelgroße Zucchini
- 1 Eßlöffel Crème fraîche
- 1 Kerbelzweig
- Zitronensaft
- Meersalz
- Pfeffer, Muskatnuß und geriebener Emmentaler für die Erwachsenen

Waschen Sie sorgfältig die Zucchini und schneiden sie in Scheiben. Garen Sie sie in der Mikrowelle auf einem bedeckten Teller 6 Minuten bei maximaler Leistung. Tupfen Sie die Zucchini trocken und pürieren Sie sie. Wärmen Sie sie danach noch einmal in einem Topf auf, fügen Sie eine Messerspitze Salz, einen Spritzer Zitrone, die Crème fraîche und den fein gehackten Kerbel hinzu. Kurz bevor Sie auftragen, **entnehmen Sie die Portion fürs Baby** und schmecken Sie für die Erwachsenen nach Wunsch mit Pfeffer, Muskatnuß und geriebenem Emmentaler ab.

Selleriepüree [ab 6 Monaten]

Rezept für 3 Personen
Vorbereitung: 5 Minuten
Kochzeit: 6 Minuten im Schnellkochtopf

- 400 g Sellerie
- ¾ Liter Wasser
- 1 Glas Milch
- 1 Stengel Petersilie
- Meersalz
- Pfeffer und / oder Muskatnuß für die Erwachsenen

Erhitzen Sie in einem Topf 1 Liter leicht gesalzenes Wasser. Schälen Sie den Sellerie, schneiden Sie ihn in Stücke und legen Sie ihn 2 Minuten in das kochende Wasser, damit er seine bittere Schärfe verliert. Geben Sie anschließend den Sellerie in ¾ Liter Wasser in den Schnellkochtopf. Verschließen Sie ihn und lassen Sie den Sellerie 10 Minuten kochen. Erhitzen Sie die Milch (1 Minute in der Mikrowelle). Wenn der Sellerie gar ist, lassen Sie ihn abtropfen und verarbeiten ihn im Mixer. Geben Sie das Püree zurück in den Topf, erhitzen Sie es erneut auf kleiner Flamme und rühren Sie nach und nach mit einem Schneebesen die heiße Milch hinein, bis Sie eine cremige Konsistenz erhalten. Geben Sie am Schluß noch die fein gehackte Petersilie dazu. Kurz bevor Sie auftragen, **entnehmen Sie die Portion fürs Baby** und schmecken für die Erwachsenen nach Wunsch mit Pfeffer und / oder Muskatnuß ab.

Wenn Sie ein etwas steiferes Püree wünschen, können Sie eine geschälte und in Stücke geschnittene Kartoffel hinzufügen. Kochen Sie die Kartoffel genausolange wie den Sellerie im Schnellkochtopf.

Wenn Sie keinen solchen haben, können Sie das Gericht auch in einer gewöhnlichen Kasserolle zubereiten. Kochzeit: 30 Minuten.

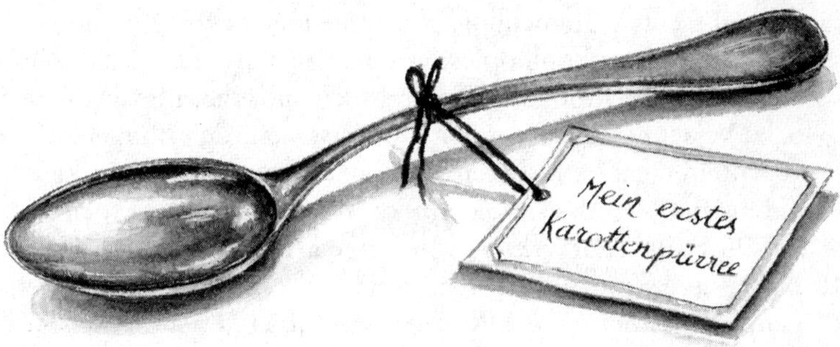
Mein erstes
Karottenpürree

Blumenkohlpüree [ab 6 Monaten]

Rezept für 3 Personen
Vorbereitung: 5 Minuten
Kochzeit: 10 Minuten im Schnellkochtopf

- 400 g Blumenkohl
- 1 Glas Milch
- ¾ Liter Wasser
- Meersalz
- Pfeffer und Muskatnuß für die Erwachsenen

Putzen Sie den Blumenkohl. Entfernen Sie den Strunk unterhalb des Blumenkohlkopfes, waschen Sie ihn und legen ihn in den Schnellkochtopf mit Wasser, Milch und einer Messerspitze Salz. Verschließen Sie den Topf und lassen Sie den Blumenkohl 10 Minuten garen. Nehmen Sie ihn dann mit einer Schöpfkelle heraus und verarbeiten Sie ihn im Mixer. Wärmen Sie danach das Püree im Topf wieder auf und geben Sie etwas Milch dazu, bis Sie eine sämige Konsistenz erhalten. Kurz bevor Sie auftragen, **entnehmen Sie die Portion fürs Baby** und schmecken Sie für die Erwachsenen nach Wunsch mit Pfeffer und Muskatnuß ab.

Spinat in Camembertcreme [ab 9 Monaten]

Der Spinat, den Popeye herunterschlingt, sobald die Dose offen ist, steht im Ruf, unbändige Kräfte zu verleihen, da er reich an Eisen ist. Das gilt jedoch nur für den frischen Spinat. Kaufen Sie ihn auf dem Markt und zögern Sie nicht, ihn als Salat, in der Pfanne gebraten, auf einer Quiche oder in Camembertcreme zuzubereiten. Ja doch, mit Camembert, das ist viel besser als mit Gruyère!

Rezept für 3 Personen
Vorbereitung: 10 Minuten
Kochzeit: 15 Minuten im Schnellkochtopf

- 1 Kilo frischer Spinat
- 20 cl Milch
- 2 Eßlöffel Crème fraîche
- 3 Eßlöffel Maizena
- 1 Eigelb
- 1 Camembert
- Meersalz
- Pfeffer für die Erwachsenen

Waschen und hacken Sie die Spinatblätter ganz fein, bevor Sie sie im Schnellkochtopf mit einem Stückchen Butter und einem Teelöffel Sonnenblumenöl bräunen lassen und danach mit der gesalzenen Milch löschen. Verschließen Sie den Topf und lassen Sie das Ganze 15 Minuten garen. Öffnen Sie den Topf und werfen Sie den in kleine Stücke geschnittenen Camembert hinein. Rühren Sie um, damit er gut schmilzt.

Lösen Sie in einer kleinen Schüssel das Maizena in etwas kaltem Wasser auf und rühren Sie dann Crème fraîche und Eigelb hinein. Gießen Sie dies über den Spinat und rühren Sie um, bis er ein wenig eindickt.

Kurz bevor Sie auftragen, **entnehmen Sie die Portion fürs Baby** und schmecken Sie für die Erwachsenen mit Pfeffer ab.

Vorschlag: Dies ist ein Gericht, das sich hervorragend dazu eignet, im Backofen gratiniert zu werden, entweder so, wie es ist, oder auf einem vorgebackenen Tortenboden.

Bei uns gibt's heute was Gutes!

Um mal was anderes zu essen als Hacksteak oder Nudeln, lekker doch monoton, schlage ich hier einige einfache Gemüse-Gerichte vor:

Polenta [ab 8 Monaten]

Rezept für 3 Personen
Vorbereitung: 5 Minuten
Kochzeit: 9 Minuten

- 1 kleines Schälchen Maisgrieß
- 3 kleine Schälchen Wasser
- 50 g geriebener Käse
- 30 g Butter
- Meersalz
- Pfeffer und/oder Muskatnuß für die Erwachsenen

Erhitzen Sie das Wasser 1 ½ Minuten in der Mikrowelle. Gießen Sie Wasser und Maisgrieß in ein hinreichend hohes Gefäß. Lassen Sie den Grieß 4 Minuten auf höchster Stufe in der Mikrowelle kochen. Geben Sie Butter und eine Messerspitze Salz dazu, rühren Sie gut um und lassen Sie noch einmal 3 Minuten kochen. Am Ende der Kochzeit geben Sie den Käse hinzu, rühren wieder um und lassen noch 1 Minute weiterkochen.

Kurz bevor Sie auftragen, **entnehmen Sie die Portion fürs Baby** und schmecken Sie für die Erwachsenen mit Pfeffer und/oder Muskatnuß ab.

Diese Zubereitung kann als Beilage zu Fisch, Geflügel oder zu jedem anderen Fleisch gegeben werden. Ich persönlich mag die Polenta gerne mit einem grünen Gemüse, Zucchini oder grünen Bohnen etwa. Sieht doch auf dem Teller auch schöner aus, oder?

Wenn Sie das Wasser durch Milch ersetzen, kann dieses Rezept für Ihr Baby auch ein Hauptgericht sein. Als Käse können Sie Gouda, Gruyère, Emmentaler oder auch Parmesan verwenden. Später dann sogar den wunderbaren Roquefort.

Risotto mit Artischocken [ab 18 Monaten]

Rezept für 3 Personen
Vorbereitung: 15 Minuten
Kochzeit: 6 Minuten

- 3 Tassen Reis
- 4 Tassen Wasser
- 1 Zwiebel
- 2 Tomaten
- 3 Artischockenherzen
- 1 dickgeschnittene Scheibe Kochschinken
- 1 Eßlöffel Sonnenblumenöl
- 1 Thymianzweig
- 1 Lorbeerblatt
- Meersalz
- Pfeffer für die Erwachsenen

Enthäuten und entkernen Sie die Tomaten. Schneiden Sie Tomaten, Artischockenherzen und Schinken in kleine Stücke. Schälen und schneiden Sie die Zwiebel in Ringe.

Bräunen Sie die Zwiebel mit dem Öl im Schnellkochtopf. Fügen Sie den Reis hinzu und rühren Sie gut um. Geben Sie das Wasser, das Gemüse und den Schinken dazu, ebenso wie Thymian und Lorbeer.

Verschließen Sie den Topf und lassen Sie das Ganze 6 Minuten kochen. Salzen Sie nach Ihrem Geschmack.

Kurz bevor Sie auftragen, **entnehmen Sie die Portion fürs Baby** (etwa 300 g) und schmecken Sie für die Erwachsenen mit Pfeffer ab.

Um die Tomaten auf einfache Weise enthäuten zu können, legen Sie sie kurz in siedendes Wasser. Die Haut der Tomate läßt sich jetzt einfach mit den Fingern abrollen.

Reis nach Kantonart [ab 18 Monaten]

Rezept für 3 Personen
Vorbereitung: 10 Minuten
Kochzeit: 10 Minuten

- 250 g bereits gekochter Reis (ca. 3 Tassen Reis auf 4 Tassen Wasser)
- 2 Eier
- 2 Scheiben Kochschinken
- 2 junge Zwiebeln
- 50 g junge Erbsen
- 1 Eßlöffel Sonnenblumenöl
- 1 Eßlöffel Sojasauce
- Pfeffer für die Erwachsenen

Schneiden Sie den Schinken in kleine Stücke. Hacken Sie die Zwiebeln fein. Salzen Sie die Erbsen leicht und lassen Sie sie 3 Minuten auf einem abgedeckten Teller bei Höchsttemperatur in der Mikrowelle garen.

Braten Sie die Zwiebeln mit dem Öl in einer Pfanne goldbraun an. Geben Sie auf kleiner Flamme Reis, Schinken und Erbsen dazu und rühren Sie gut um.

Schlagen Sie die Eier und rühren Sie die Sojasauce darunter. Gießen Sie das Ganze nach und nach unter Rühren über den heißen Reis, bis das Ei festgeworden ist. Geben Sie Schinkenstücke und Erbsen dazu und rühren Sie gut durch.

Kurz bevor Sie auftragen, **entnehmen Sie die Portion fürs Baby** und schmecken Sie für die Erwachsenen mit Pfeffer ab.

Maissoufflé [ab 9 Monaten]

Rezept für 3 Personen
Vorbereitung: 10 Minuten
Kochzeit: 30 Minuten

- 4 Maiskolben
- 1 Liter Wasser
- 1 Eßlöffel Crème fraîche
- 4 Eier
- 50 g geriebener Käse
- 10 g Butter
- 1 Stück Zucker

Lassen Sie die Maiskolben 10 Minuten in siedendem, gezuckertem Wasser kochen. Lassen Sie sie abtropfen und lösen Sie die Körner von den Kolben ab. Trennen Sie Eiweiß und Eigelb. Geben Sie Maiskörner, Crème fraîche, Eigelb und 40 g des geriebenen Käses in den Mixer. Mixen Sie die Mischung gut durch, damit Sie eine schöne homogene Konsistenz bekommen.

Heizen Sie den Backofen vor (180–200 Grad). Streichen Sie eine ofenfeste Form mit Butter ein.

Schlagen Sie das Eiweiß zu einem festen Schaum. Mischen Sie diesen vorsichtig unter das Maispüree. Füllen Sie das Püree in die eingebutterte Form und lassen Sie es bei mittlerer Hitze (160 Grad) 20 Minuten backen. Wenn das Soufflé aufgegangen ist, geben Sie den restlichen geriebenen Käse darüber und schieben Sie es für kurze Zeit zum Überbacken unter den Grill.

Wenn Sie servieren wollen, **entnehmen Sie die Portion fürs Baby**.

Taboulé [ab 9 Monaten]

Rezept für 3 Personen
Vorbereitung: 15 Minuten am Vorabend
Kein Kochen

- 3 Gläser Couscoushirse
- 1 Glas Wasser
- 1 Glas Tomatensaft
- 2 frische Tomaten
- 1 Zitrone
- ½ Gurke
- 2 Petersilienstengel
- frische Minze
- 2 Eßlöffel Olivenöl
- Meersalz
- Pfeffer für die Erwachsenen

Am Vorabend
Pressen Sie die Zitrone aus. Schütten Sie die Hirse in eine Salatschüssel. Gießen Sie Tomatensaft, Zitronensaft und Wasser darüber. Rühren Sie mit einem Holzlöffel gut um und lassen Sie das Ganze 10 Minuten stehen.

Inzwischen hacken Sie die Petersilie, schneiden die frische Minze in ganz feine Streifchen, enthäuten und entkernen die Tomaten und schneiden sie in kleine Würfel.

Rühren Sie die Hirse mit einer Gabel erneut um, bis sich die Körner leicht von ihr lösen. Geben Sie Petersilie, Minze und Tomatenstücke dazu. Salzen Sie. Decken Sie die Schüssel ab und stellen Sie sie über Nacht in den Kühlschrank.

Am folgenden Tag
Rühren Sie eine halbe Stunde vor dem Essen die in Würfel geschnittene Gurke und das Olivenöl in Ihr Couscous hinein und stellen Sie die Schüssel nicht mehr in den Kühlschrank zurück. Taboulé ißt man zwar kalt, aber nicht halbgefroren.

Kurz bevor Sie auftragen, **entnehmen Sie die Portion fürs Baby**. Schmecken Sie für die Erwachsenen mit Pfeffer ab.

Verlorenes Brot mit Käse [ab 9 Monaten]

Wenn der Kühlschrank fast leer ist, Sie nicht mehr den Mut haben, sich schnell noch einmal zum Einkaufen davonzumachen, und dennoch Appetit haben auf ein kleines schmackhaftes und warmes Gericht...

Das verlorene Brot ist eigentlich gar nicht verloren. Es gehört zur selben Familie wie der Croque Monsieur, ist aber viel besser.

Rezept für 3 Personen
Vorbereitung: 2 Minuten
Kochzeit: 7 Minuten in der Mikrowelle
+ 5 Minuten in der Pfanne

- 5 Scheiben trockenes Weißbrot
- 2 Eier
- ½ Liter Milch
- ⅓ Camembert oder ein kleiner Ziegenkäse oder 1 Mozzarella
- 1 Eßlöffel Butter
- 1 Eßlöffel Sonnenblumenöl
- 1 Messerspitze feine Kräuter und Pfeffer für die Erwachsenen

Verrühren Sie die Eier mit der Milch, legen Sie die Brotscheiben auf einen tiefen Teller, der gerade groß genug ist, um die 5 Scheiben aufzunehmen. Legen Sie den Käse in kleinen Stükken oder feinen Streifen dazwischen, decken Sie mit Frapan-Folie oder einem Deckel ab und stellen Sie den Teller 5 Minuten bei maximaler Leistung in die Mikrowelle. Die Brotstücke sind jetzt weich, zart und tropfen nicht mehr.

Erhitzen Sie Butter und Öl in einer Pfanne, lassen Sie das Brot von beiden Seiten leicht braun werden. Fertig.

Wenn Sie servieren wollen, **entnehmen Sie die Portion fürs Baby** und schmecken Sie für die Erwachsenen mit Pfeffer und den feinen Kräutern ab. Das Brot ist jetzt knusprig und lecker!

Falls Sie keine Mikrowelle haben, müssen Sie das Brot wenigstens ½ Stunde lang einweichen, bevor Sie es braten.

Terrinen

Ein Hauptgericht für das Kind, eine ausgezeichnete Vorspeise für die Erwachsenen.

Terrine, Sie haben Terrine gesagt? Sind diese Gemüsekuchen, die wir aus dem Restaurant vom Typ ›nouvelle cuisine‹ kennen, nicht ein bißchen aufwendig? Sie kamen mir immer vor wie das Ergebnis einer fremdartigen Alchimie, unmöglich, so was selber hinzukriegen. Ich habe mich dennoch eines Tages, auf Anregung meiner Freundin Leckermaul, in dieses Abenteuer gestürzt. Und ich habe das große Vergnügen dieser kleinen Gerichte entdeckt, die schnell herzustellen und in aller Ruhe vorzubereiten sind, so daß man sie bei nächster Gelegenheit einfach aus dem Kühlschrank nehmen und auftischen kann.

Mit der Terrine gibt es wenig Probleme. Man kann sie als kaltes Gericht überall mit hinnehmen, und sie verbreitet auf dem Eßtisch eine festliche Stimmung.

Frühlingskuchen [ab 9 Monaten]

Dieser Kuchen des Gartens ist so einfach vorzubereiten wie ein Omelette. Er basiert auf einem Grundrezept, dessen Zutaten Sie ganz so variieren können, wie es Ihnen Spaß macht: grüne Bohnen, Stangensellerie, Sellerie, Blumenkohl, Broccoli, Tomaten ...

Hier also mein Vorschlag:

Rezept für 3 Personen
Vorbereitung: 10 Minuten
Kochzeit: 12 Minuten

- 50 g junge Karotten
- 50 g zarte weiße Rübchen
- 50 g junge Erbsen
- 2 Frühlingszwiebeln (auch Lauchzwiebeln genannt)
- 3 Eier
- 2 Eßlöffel Crème fraîche
- 2 Kerbelzweige
- Meersalz
- Pfeffer für die Erwachsenen

Schälen und schneiden Sie alles Gemüse in Würfel. Hacken Sie die Zwiebeln.

Legen Sie jedes Gemüse für sich in kleine Auflaufförmchen oder Tassen mit leicht gesalzenem Wasser. Decken Sie sie mit einer Untertasse oder Frapan-Folie ab. Lassen Sie das Gemüse 4 Minuten in der Mikrowelle garen und gießen Sie es danach durch ein Abtropfsieb.

In der Zwischenzeit mischen Sie Eier, Crème fraîche, Kerbel und eine kleine Prise Salz. Rühren Sie vorsichtig das Gemüse darunter. Fetten Sie eine hitzebeständige Auflaufform großzügig mit Butter oder legen Sie sie mit Backpapier aus und geben Sie dort alles hinein. Lassen Sie es in der Mikrowelle 3 Minuten auf maximaler Stufe garen und danach noch einmal 5 Minuten mit 30 % der Maximalleistung (Auftauen).

Lassen Sie den Kuchen einen Moment stehen, bevor Sie ihn aus der Form nehmen, und servieren Sie ihn heiß, zusammen mit grünem Salat. **Entnehmen Sie die Portion fürs Baby** (2 kleine Scheiben mit in feine Streifen geschnittenem Salat). Schmecken Sie für die Erwachsenen mit Pfeffer ab.

Wenn Sie keine Auflaufform haben, können Sie auch jedes andere rechteckige Gefäß verwenden, das in die Mikrowelle paßt.

Wenn das Baby 9 Monate alt ist, können Sie diesen Kuchen auch, noch reicher an Geschmack, im traditionellen Backofen backen. 15 Minuten bei 200 Grad.

Artischockenterrine [ab 6 Monaten]

Rezept für 3 Personen
Vorbereitung: 15 Minuten
Kochzeit: 17 Minuten

- 100 g Chicorée
- 2 Artischockenherzen
- 50 g Champignons
- ½ Zitrone
- 3 Eier
- 60 g Frischkäse oder 10 cl Crème fraîche
- 1 Teelöffel Tomatenkonzentrat
- ½ Teelöffel Meersalz
- Etwas frischer, gehackter Salbei oder 1 Messerspitze Salbei in Pulverform
- 10 g Margarine für die Backform
- Pfeffer für die Erwachsenen

Waschen und schneiden Sie den Chicorée in fingergroße Stücke. Legen Sie ihn dann auf einen Teller, den Sie mit Frapan-Folie oder mit einem Deckel abdecken, und lassen Sie ihn 7 Minuten auf höchster Temperaturstufe in der Mikrowelle garen.

Währenddessen spülen Sie die Artischockenherzen in Wasser, dem Sie etwas Zitrone beigemischt haben, und lassen sie abtropfen. Schneiden Sie die erdigen Füßchen von den Champignons ab und waschen Sie sie kurz in mit Weinessig versetztem Wasser.

Zerkleinern Sie zunächst die Champignons und die geviertelten Artischocken im Mixer, bis Sie eine dicke Creme erhalten. Verquirlen Sie dann die Eier mit Crème fraîche, Tomatenkonzentrat, Salz und Salbei. In diese Mischung rühren Sie nach und nach die Champignon-Artischocken-Creme ein.

Lassen Sie den Chicorée abtropfen und trocknen Sie ihn auf einem saugfähigen Papier. Fetten Sie eine Backform großzügig mit der Margarine oder legen Sie diese mit Backpapier aus. Geben Sie dort eine erste Lage der Zubereitung hinein, verteilen Sie darüber eine Lage Chicorée usw., bis sie oben mit einer Lage der Zubereitung enden. Stellen Sie die Backform, mit Frapan-Folie oder einem Deckel abgedeckt, 5 Minuten bei Höchstleistung in die Mikrowelle und weitere 5 Minuten auf der Stufe »Auftauen«. Lassen Sie die Terrine abkühlen und stellen Sie sie bis zum folgenden Tag in den Kühlschrank, bevor Sie sie aus der Form herausnehmen.

Kurz bevor Sie auftragen, **entnehmen Sie die Portion fürs Baby** (eine Scheibe) und schmecken Sie für die Erwachsenen mit Pfeffer ab.

Die Terrine hält sich in einem luftdicht verschlossenen Behälter 48 Stunden im Kühlschrank.

Die Montag-bis-Mittwoch-Terrine [ab 6 Monaten]

Dies ist ein einfaches Rezept mit schönen zarten Farben, an denen sich auch die Augen weiden können. Sie brauchen nur jedes der 3 Gemüsepürees mit einem Eigelb und der Crème fraîche verrührt in 3 Lagen in ein rechteckiges Gefäß zu füllen, und dann ab in die Mikrowelle. Können Sie sich vorstellen, wie hübsch das aussieht? Dann mal los!

Rezept für 3 Personen
Vorbereitung: 10 Minuten
Kochzeit: 35 Minuten
Kühlung: 12 Stunden

- 3 schöne unbehandelte Karotten
- 250 g grüne Bohnen
- 250 g Champignons
- 3 Eigelb
- 3 Eßlöffel Crème fraîche
- ½ Zitrone

- Petersilie
- Meersalz
- Pfeffer, Frischkäse und frische Kräuter für die Erwachsenen

Schälen und schneiden Sie die Karotten in Scheiben. Garen Sie sie 10 Minuten in der Mikrowelle in einem bedeckten Behältnis mit etwas Salz und 3 Eßlöffeln Wasser. Trocknen Sie die Karotten sorgfältig ab und geben Sie sie mit einem Eßlöffel Crème fraîche und einem Eigelb in den Mixer. Fetten Sie eine Auflaufform großzügig mit Butter oder legen Sie diese mit Backpapier aus und geben Sie das Karottenpüree als erste Lage auf den Boden der Form.

Schneiden Sie die Stengelchen von den Bohnen ab und garen Sie diese auf gleiche Weise wie die Karotten in der Mikrowelle. Trocknen Sie sie und pürieren sie zusammen mit Eigelb, Crème fraîche und etwas Petersilie. Streichen Sie dieses Püree als zweite Lage über das Karottenpüree.

Schneiden Sie den sandigen Teil der Champignonfüßchen ab und waschen Sie sie in Zitronenwasser. Schneiden Sie sie in feine Scheiben und garen sie wie das andere Gemüse mit einer Prise Salz und einigen Tropfen Zitrone 6 Minuten in der Mikrowelle. Trocknen Sie sie und mixen sie zusammen mit Eigelb und 1 Eßlöffel Crème fraîche. Das ist die 3. Lage, die Sie über die Bohnen streichen.

Lassen Sie das Ganze zusammen noch einmal 3 Minuten bei maximaler Temperatur in der Mikrowelle garen und danach noch einmal 5 Minuten bei 30% der Maximalleistung (Auftauen). Lassen Sie die Auflaufform abkühlen und stellen Sie sie für 12 Stunden in den Kühlschrank.

Kurz bevor Sie auftragen, **entnehmen Sie die Portion fürs Baby** (2 schmale Streifen) und schmecken Sie für die Erwachsenen mit Pfeffer, etwas Frischkäse und feinen frischen Kräutern ab.

Die Terrine kann in einem luftdicht verschlossenen Behälter 48 Stunden im Kühlschrank aufbewahrt werden. Wenn Sie die Terrine also montags auftischen, können Sie noch bis Mittwoch davon essen.

Variationen

Je nach Inspiration können Sie dieses Rezept auch mit verschiedenen anderen Gemüsearten zubereiten. Hier ein paar Beispiele:

- Sellerie, 10 Minuten Mikrowelle
- Rote Bete, gekocht gekauft
- Blumenkohl, 7 Minuten Mikrowelle
- Spinat, 5 Minuten Mikrowelle
- Karotten, 10 Minuten Mikrowelle
- Gurke, roh, gut abgetrocknet, mit frischer Minze

Grüne Quarksauce [ab 9 Monaten]

- 2 Eßlöffel Quark
- 1 Eßlöffel Olivenöl
- der Saft von ½ Zitrone
- 1 Teelöffel frisch gehackter Kräuter Ihrer Wahl
- 1 Messerspitze Meersalz

Ab in den Mixer damit – und fertig!

Sauerampferterrine [ab 9 Monaten]

Rezept für 3 Personen
Vorbereitung: 10 Minuten
Kochzeit: 8 + 8 Minuten
Kühlung: 12 Stunden

- 100 g Sauerampfer
- 1 Kilo kleine Zucchini
- 3 Scheiben Kochschinken
- 3 Eier

- 1 Glas Milch
- 50 g Paniermehl
- 1 Zwiebel
- 1 Strauß frische Minze
- 1 Eßlöffel Olivenöl
- Meersalz

Putzen, waschen und trocknen Sie den Sauerampfer und zerkleinern Sie ihn im Mixer. Stellen Sie ihn in einer kleinen Schüssel beiseite.

Schälen Sie die Zwiebel. Waschen und schneiden Sie die Zucchini in feine Scheiben. Legen Sie die Scheiben zusammen mit der halbierten Zwiebel, etwas Salz und 2 Eßlöffeln Wasser auf einen Teller und decken Sie ihn mit Frapan-Folie ab. Garen Sie das Ganze 8 Minuten bei Maximalleistung in der Mikrowelle.

Währenddessen weichen Sie das Paniermehl in der Milch ein und lassen es ganz kurz aufkochen, um eine Art Paste zu erhalten. Wenn Zucchini und Zwiebel gekocht sind, lassen Sie sie gut abtropfen.

Verrühren Sie Eier und zerkleinerte Pfefferminzblätter im Mixer. Stellen Sie den Eischaum in einer kleinen Schüssel beiseite.

Pürieren Sie jetzt Zucchini und Zwiebel mit dem Olivenöl und fügen Sie, wenn Ihr Mixgefäß groß genug ist, Eier und Paniermehlpaste hinzu. Andernfalls verrühren Sie alles kräftig mit einem Schneebesen in einer Schüssel. Schmecken Sie ab.

Fetten Sie eine Backform oder legen Sie diese mit Backpapier aus und geben Sie dort die Hälfte der Zubereitung hinein, verteilen Sie darüber den gehackten Sauerampfer und füllen Sie die andere Hälfte der Zubereitung darauf. Drücken Sie das Ganze gut zusammen, garen Sie es 3 Minuten bei Maximalleistung in der Mikrowelle und danach noch einmal 5 Minuten bei 30 % der Gesamtleistung (Auftauen). Lassen Sie die Terrine abkühlen und stellen Sie sie 12 Stunden in den Kühlschrank.

Kurz bevor Sie auftragen, **entnehmen Sie die Portion fürs Baby** (2 dünne Scheiben). Geben Sie für jeden eine Scheibe Kochschinken dazu.

Diese Terrine hält sich in einem luftdicht verschlossenen Behälter 24 Stunden im Kühlschrank.

Für die Erwachsenen kann der Schinken kurz in der Pfanne angebraten werden, oder Sie können den Kochschinken auch durch einen geräucherten rohen Schinken oder durch geräucherten Speck ersetzen.

Unterholzterrine [ab 6 Monaten]

Rezept für 3 Personen
Vorbereitung: 5 Minuten
Kochzeit: 17 Minuten
Kühlung: 12 Stunden

- 250 g Champignons
- 1 Rote Bete
- 1 Scheibe Kochschinken
- 2 Eigelb
- 2 Eßlöffel Crème fraîche
- ½ Zitrone
- Meersalz
- Pfeffer, Quark und Kräuter für die Erwachsenen

Entfernen Sie die sandigen Füßchen und waschen Sie die Champignons in Zitronenwasser. Schneiden Sie sie in feine Scheiben und garen sie 6 Minuten auf einem abgedeckten Teller mit etwas Wasser, einer Messerspitze Salz und einigen Zitronentropfen in der Mikrowelle.

Lassen Sie die Champignons gut abtropfen und geben Sie sie mit Schinken, Crème fraîche und Eigelb in den Mixer. Schälen und schneiden Sie die Rote Bete der Länge nach in Scheiben und dann in Stifte von 1 cm Breite. Fetten Sie die Backform gut mit Butter oder legen Sie sie mit Backpapier aus. Füllen Sie dort zuerst eine Schicht von der Champignon-Creme ein, darüber eine Lage von Rote-Bete-Stiften usw., drücken Sie die einzelnen Lagen gut fest und schließen Sie mit einer Schicht Creme ab. Garen Sie die Terrine 3 Minuten bei maximaler Leistung in der Mikrowelle, danach noch einmal 7 Minuten bei 30 % der Gesamtleistung (Auftauen). Lassen Sie die Terrine abkühlen und stellen Sie sie 12 Stunden in den Kühlschrank. Kurz bevor Sie auftragen, **entnehmen Sie die Portion fürs Baby** (2 kleine Scheiben) und schmecken Sie für die Erwachsenen mit Pfeffer und etwas Quark mit frischen Kräutern ab.

Diese Terrine hält sich in einem luftdicht verschlossenen Behälter 24 Stunden im Kühlschrank.

Venezianische Terrine [ab 9 Monaten]

Grün, weiß, rot – diese Terrine, die Sie kalt, warm oder heiß essen können, trägt die drei Farben Italiens. Einfach zuzubereiten, indem Sie einfach 3 verschiedene Omelettes aufeinanderlegen.

Als Beilage empfiehlt sich ein fein geschnittener Salat.

Diese Terrine kann als Grundlage einer leichten Mahlzeit dienen.

Rezept für 3 Personen
Vorbereitung: 10 Minuten
Kochzeit: 9 Minuten
Kühlung: je nach Geschmack

- 50 g Spinat
- 2 Tomaten
- 6 Eier
- 2 Eßlöffel Crème fraîche
- Meersalz
- Pfeffer für die Erwachsenen

Waschen Sie den Spinat, zerkleinern Sie ihn in der Küchenmaschine. Geben Sie 2 Eier dazu, einen Löffel Crème fraîche, ein wenig Salz, und mixen Sie alles durch. Schütten Sie es in ein Schüsselchen und stellen Sie es zur Seite.

Enthäuten und entkernen Sie die Tomaten, mixen Sie sie zusammen mit 2 Eiern, 1 Eßlöffel Crème fraîche und etwas Salz. Schlagen Sie in einer kleinen Schüssel die verbleibenden 2 Eier. Fetten Sie eine Auflaufform großzügig mit Butter oder legen Sie diese mit Backpapier aus. Erhitzen Sie in einer beschichteten Pfanne auf kleiner Flamme etwas Butter mit 1 Eßlöffel Öl. Geben Sie vorsichtig den Tomaten-Teig hinein und braten ihn 2 Minuten, das Omelett sollte teigig bleiben. Falten Sie es von den Seiten aus zu einer Art Handschuh zusammen und lassen Sie es in die Auflaufform gleiten. Braten Sie auf gleiche Weise das Omelette Natur und das mit Spinat. Schichten Sie in der Terrine alles übereinander, pressen Sie es leicht zusammen und garen Sie es 5 Minuten bei 30% der Gesamtleistung (Auftauen).

Nehmen Sie die Terrine aus der Form heraus und servieren Sie sie heiß oder stellen Sie sie zum Abkühlen 2 Stunden in den Kühlschrank, bevor Sie sie aus der Form nehmen.

Kurz bevor Sie auftragen, **entnehmen Sie den Teil fürs Baby** (2 schmale Scheiben) und schmecken Sie für die Erwachsenen mit Pfeffer ab.

Die Venezianische Terrine hält sich in einem luftdicht verschlossenen Behältnis 24 Stunden im Kühlschrank.

Schnelle Venezianische Terrine [ab 9 Monaten]

Rezept für 3 Personen
Vorbereitung: 5 Minuten
Kochzeit: 9 Minuten
Kühlung: ganz nach Geschmack

Dies ist dasselbe Rezept wie das vorhergehende. Ersetzen Sie lediglich den frischen Spinat durch tiefgekühlten Spinat und die Tomaten durch 1 Eßlöffel Tomatenkonzentrat.

Kapitänsterrine [ab 12 Monaten]

Rezept für 3 Personen
Vorbereitung: 10 Minuten
Kochzeit: 12 Minuten

- 2 geräucherte Schellfischfilets
- 2 Eßlöffel Tapioka
- 2 Eier
- ¼ Liter Milch
- 1 Eßlöffel Crème fraîche
- Pfeffer für die Erwachsenen

Erhitzen Sie die Filets mit der Milch auf einem abgedeckten Teller 3 Minuten in der Mikrowelle. Lassen Sie die Filets gut abtropfen.

Gießen Sie die Milch in eine Kasserolle, streuen Sie die Tapioka ein und lassen Sie sie unter Rühren 2 Minuten kochen. Zerkleinern Sie 1 Filet mit dem Tapioka, den Eiern und der Crème fraîche im Mixer.

Fetten Sie eine Backform mit Butter oder legen Sie diese mit Backpapier aus. Streichen Sie zuerst eine Schicht der Zubereitung auf dem Boden der Form aus, legen Sie dann das zweite Filet darüber, pressen Sie die Lagen fest zusammen und schließen Sie mit der Fischcreme ab. Lassen Sie den Fisch bei maximaler Leistung 3 Minuten in der Mikrowelle garen, danach 5 Minuten bei 30 % der Gesamtleistung (Auftauen).

Lassen Sie die Terrine abkühlen und stellen Sie sie für 12 Stunden in den Kühlschrank, bevor Sie sie aus der Form nehmen. Kurz bevor Sie auftragen, **entnehmen Sie die Portion fürs Baby** (2 dünne Scheiben mit einer Zitronensauce). Schmecken Sie für die Erwachsenen mit Pfeffer ab.

Terrine aus Seelachsmousse und Broccoli [ab 6 Monaten]

Rezept für 3 Personen
Vorbereitung: 10 Minuten
Kochzeit: 35 Minuten
Kühlung: 12 Stunden

- 400 g Seelachs-Filet
- 1 Broccoli
- 3 Eigelb
- 3 Eßlöffel Crème fraîche
- ½ Zitrone
- 1 Thymianzweig
- 1 Petersilienstengel
- 1 Lorbeerblatt
- Meersalz
- Quark und gehackte frische Kräuter für die Beilage

Zerkleinern Sie die Petersilie im Mixer. Legen Sie die Filets auf einen Teller und würzen Sie mit dem Zitronensaft, dem Lorbeerblatt, der Petersilie und einer Messerspitze Salz. Decken Sie den Fisch mit Frapan-Folie ab und lassen Sie ihn 3 Minuten in der Mikrowelle bei Maximalleistung garen. Lassen Sie den gekochten Fisch in einem Sieb abtropfen.

In der Zwischenzeit waschen Sie den Broccoli und schneiden den Strunk heraus. Gießen Sie etwas Wasser in den Schnellkochtopf, legen Sie den Broccoli in das Metallsieb, verschließen Sie den Topf und lassen Sie ihn, sobald der Druckanzeiger die vorgeschriebene Markierung erreicht hat, 4 Minuten kochen. Lassen Sie ihn dann abtropfen und trocknen Sie ihn sorgfältig mit Küchenpapier.

Zerkleinern Sie die Filets mit den Eiern, der Crème fraîche und einer Messerspitze Salz im Mixer.

Fetten Sie eine Backform mit Butter oder legen Sie diese mit Backpapier aus.

Füllen Sie die Backform, indem Sie abwechselnd Mousse

und Broccoli einschichten. Drücken Sie alles gut fest und schließen Sie mit einer Schicht Mousse ab. Garen Sie 3 Minuten in der Mikrowelle bei Höchstleistung und dann noch einmal 7 Minuten bei 30 % der Gesamtleistung (Auftauen). Lassen Sie die Terrine abkühlen und stellen Sie sie für 12 Stunden in den Kühlschrank, bevor Sie sie aus der Form herausnehmen.

Kurz bevor Sie auftragen, **entnehmen Sie die Portion fürs Baby** (2 dünne Scheiben). Reichen Sie als Beilage den Rest vom gekochten Broccoli mit Quark und frischen Kräutern. Schmecken Sie für die Erwachsenen mit Pfeffer ab.

Diese Terrine hält sich in einem luftdicht verschlossenen Behälter 24 Stunden im Kühlschrank.

Tomatenbrühe [ab 12 Monaten]

Rezept für 3 Personen
Vorbereitung: 10 Minuten
Kochzeit: 10 Minuten im Schnellkochtopf

- 4 Tomaten
- 1 Zwiebel
- 1 Knoblauchzehe
- 1 Thymianzweig
- 1 Teelöffel gehacktes Basilikum
- 1 Eßlöffel Olivenöl
- Meersalz

Enthäuten Sie die Tomaten. Um das zu vereinfachen, legen Sie diese entweder 1–2 Minuten in siedendes Wasser oder 15 Sekunden in die Mikrowelle. Zerdrücken Sie die Tomaten mit einer Gabel.

Schälen und hacken Sie Knoblauch und Zwiebel. Geben Sie Tomaten, Knoblauch und Zwiebeln mit dem Thymianzweig und einer Messerspitze Salz in den Schnellkochtopf. Verschließen Sie den Topf und lassen Sie das Ganze, wenn der richtige Markierungsstrich sichtbar ist, 10 Minuten kochen.

Filtern Sie die Brühe durch ein feines Sieb und geben Sie das Olivenöl und das fein gehackte Basilikum dazu.

Um das Ganze ein wenig sämig zu machen, können Sie nach dem Filtern einen Teelöffel Maizena oder Kartoffelmehl hineinrühren.

Tomatenbrühe rosa [ab 9 Monaten]

- 3 enthäutete und entkernte Tomaten
- 1 Teelöffel Tomatenkonzentrat
- Saft einer halben Zitrone
- 2 Eßlöffel Quark
- 1 Teelöffel Crème fraîche
- 1 Messerspitze Meersalz

Geben Sie alles in den Mixer, und Sie werden eine wunderschöne rosa Färbung erhalten.

Lachs-Lauch-Terrine [ab 9 Monaten]

Rezept für 3 Personen
Vorbereitung: 10 Minuten
Kochzeit: 13 Minuten
Kühlung: 12 Stunden

- 200 g frischer Lachs in 2 Filetscheiben
- 3 Stangen Lauch
- 1 Avocado
- 3 Eigelb
- 3 Eßlöffel Crème fraîche
- ½ Zitrone

- 1 Thymianzweig
- Quark und gehackter Kerbel als Beilage
- Pfeffer für die Erwachsenen

Legen Sie die beiden Lachsfilets auf einen tiefen Teller, geben Sie einen Spritzer Zitrone darüber, den Thymian und eine Prise Salz. Bedecken Sie dies mit Frapan-Folie und garen Sie es 2 Minuten bei maximaler Leistung in der Mikrowelle. Legen Sie den Lachs auf einem Sieb trocken. Waschen Sie den Lauch, schneiden Sie nur die weißen und zartgrünen Teile der Stangen in Stücke. Kochen Sie den Lauch 5 Minuten in siedendem Salzwasser, gießen Sie ihn ab und, um wirklich alles Wasser herauszubekommen, schleudern Sie ihn leicht in einem frischen Küchenhandtuch.

Schneiden Sie die Avocado in 2 Hälften und schälen Sie das Fruchtfleisch mit Hilfe eines Löffels heraus. Geben Sie Avocadofleisch, Lauch, Crème fraîche, Eigelb und eine Prise Salz in den Mixer. Fetten Sie die Auflaufform gut mit Butter oder legen Sie sie mit Backpapier aus und füllen Sie sie abwechselnd mit einer Lage der Lauch-Avocado-Creme und einer Lachsscheibe. Schließen Sie oben mit einer Schicht Creme ab. Lassen Sie die Terrine in der Mikrowelle 3 Minuten bei maximaler Leistung garen und danach noch einmal 7 Minuten bei 30 % der Gesamtleistung (Auftauen). Lassen Sie die Terrine abkühlen und stellen Sie sie 12 Stunden in den Kühlschrank, bevor Sie sie aus der Form nehmen. Kurz bevor Sie auftragen, **entnehmen Sie die Portion fürs Baby** (2 kleine Stücke). Geben Sie etwas Quark mit gehacktem Kerbel dazu. Schmecken Sie für die Erwachsenen mit Pfeffer ab.

Thunfischterrine mit Sauerampfer [ab 12 Monaten]

Ein schönes Blatt vom Sauerampfer, eine Schicht Thunfischmousse, noch ein Blatt, ein ganzes Stück Thunfisch, wieder Mousse, noch ein Blatt... das ist alles!

Rezept für 3 Personen
Vorbereitung: 10 Minuten
Kochzeit: 16 Minuten
Kühlung: 12 Stunden

- 300 g frischen Thunfisch
- 100 g Sauerampfer
- 3 Eier
- 1 Joghurt
- ½ Glas Milch
- 30 g Paniermehl
- Meersalz
- Pfeffer für die Erwachsenen

Garen Sie den Thunfisch auf einem abgedeckten Teller 3 Minuten bei maximaler Leistung in der Mikrowelle. Lassen Sie ihn abkühlen, entfernen Sie Haut und Gräten und lassen Sie ihn gut abtropfen.

Währenddessen weichen Sie das Paniermehl in der Milch ein und lassen es ganz kurz aufkochen, um eine Panade zu erhalten.

Zerkleinern Sie ⅔ des Thunfischs zusammen mit dem Joghurt und der Panade und stellen Sie diese Mousse ebenso wie das restliche Thunfischstück auf einem Teller beiseite. Waschen Sie den Mixerbehälter aus.

Putzen Sie den Sauerampfer, indem Sie den Rand der Blätter entfernen. Waschen und trocknen Sie ihn auf Küchenpapier. Legen Sie 3 schöne Blätter beiseite. Zerkleinern Sie den Rest, vermixen ihn mit den Eiern und etwas Salz und fügen Sie die Thunfischmousse hinzu. Schmecken Sie ab.

Fetten Sie eine Auflaufform großzügig mit Butter oder legen

Sie diese mit Backpapier aus. Legen Sie eines der Sauerampferblätter auf den Boden, geben Sie dann die Hälfte der Zubereitung darüber, legen Sie ein weiteres Blatt darauf, drücken Sie es gut fest, legen Sie das Thunfischstück darauf und decken Sie es mit dem Rest der Thunfischmousse ab. Noch das letzte Sauerampferblatt darauf und das Ganze noch einmal gut festdrücken.

Lassen Sie die Terrine in der Mikrowelle zunächst 3 Minuten bei Maximaltemperatur garen, danach noch einmal 5 Minuten bei 30 % der Gesamtleistung (Auftauen). Lassen Sie sie abkühlen und stellen Sie sie für 12 Stunden in den Kühlschrank, bevor Sie die Terrine aus der Form nehmen.

Kurz bevor Sie auftragen, **entnehmen Sie die Portion fürs Baby** (2 dünne Scheiben, dazu Quark mit feinen Kräutern). Schmecken Sie für die Erwachsenen mit Pfeffer ab.

Antillenterrine mit Krebs und Garnelen [ab 18 Monaten]

Die Idee, sich bei Tisch mit steinhartem Tiergebein herumzuschlagen, obendrein noch mit allen Risiken, die das für die Garderobe des Nachbarn mit sich bringt, läßt die meisten Gäste dankend davon Abstand nehmen. In unserer Küche jedoch, die beruhigenderweise mit einem kräftigen Nußknacker ausgestattet ist, können Sie das äußerst delikate Fleisch ganz leicht aus den störrischen Beinen und Zangen herausziehen. Billiger und geschmacklich besser als handelsübliche Konserven ist es, einen ganz frischen gekochten Taschenkrebs bei Ihrem Fischhändler zu bestellen.

Rezept für 3 Personen
Vorbereitung: 15 Minuten
Kühlung: 12 Stunden

- 1 gekochter Taschenkrebs
- 100 g Garnelenfleisch

- 100 g Stäbchen aus gepreßtem Krabbenfleisch
- 2 Avocados
- 2 hartgekochte Eier
- 2 Eßlöffel Crème fraîche
- 1 Zitrone
- Meersalz
- 3 Petersilienstengel

Lassen Sie die Garnelen abtropfen. Hacken Sie die Petersilie. Brechen Sie die harten Schalen von Tasche und Beinen des Krebses auf und ziehen Sie das Fleisch heraus. Lassen Sie sich nicht vom Inhalt des Krebskopfes abschrecken: diese graue Masse ergibt, mit einer leichten Mayonnaise aus einem Eßlöffel Olivenöl, einem Eigelb und einem Zitronenspritzer verrührt, eine Sauce von unvergleichlichem Geschmack.

Halbieren Sie die Avocados und schälen Sie das Fleisch mit Hilfe eines Löffels heraus. Geben Sie die Avocados zusammen mit dem zerfaserten Krebsfleisch, den Garnelen, dem Eigelb, der Crème fraîche und ein wenig Salz in den Mixer.

Fetten Sie eine Auflaufform großzügig mit Butter oder legen Sie diese mit Backpapier aus. Legen Sie Boden und Seitenwände der Form der Länge nach mit den Krabbenfleisch-Stäbchen aus. Geben Sie dann ⅓ der Zubereitung darüber, überstreuen Sie die Schicht mit Petersilie und wiederholen Sie den Vorgang. Schließen Sie mit einer Lage der Zubereitung ab und dekorieren Sie ganz obenauf mit einem Muster aus den Krabbenstäbchen. Drücken Sie das Ganze fest zusammen. Stellen Sie die Terrine 6 Stunden in den Kühlschrank, bevor Sie sie aus der Form herausnehmen.

Kurz bevor Sie auftragen, **entnehmen Sie die Portion fürs Baby** (2 dünne Scheiben).

Diese Terrine hält sich 24 Stunden in einem luftdicht verschlossenen Gefäß im Kühlschrank.

Nette Antillen-Terrine

Rezept für 3 Personen
Vorbereitung: 10 Minuten
Kochzeit: 5 Minuten
Kühlung: 12 Stunden

- 100 g Geflügelleber
- 50 g rohen Schinken
- 1 Schalotte
- 1 Teelöffel Kräuter
- 2 Eßlöffel Crème fraîche
- Meersalz
- Pfeffer für die Erwachsenen

Schälen und hacken Sie die Schalotte fein.

Schneiden Sie Geflügelleber und Schinken in feine Streifen. Garen Sie Leber und Schinken mit der Schalotte und den Kräutern in einer zugedeckten Schale bei maximaler Leistung 5 Minuten in der Mikrowelle. Rühren Sie während der Kochzeit einmal um. Tupfen Sie das Gegarte trocken und geben Sie es mit der Crème fraîche in den Mixer. Fetten Sie eine Auflaufform gut mit Butter oder legen Sie sie mit Backpapier aus und füllen Sie die Mischung ein. Lassen Sie die Terrine abkühlen und stellen Sie sie für 12 Stunden in den Kühlschrank, bevor Sie sie aus der Form nehmen.

Kurz bevor Sie auftragen, **entnehmen Sie die Portion fürs Baby** (1 Scheibe) und schmecken für die Erwachsenen mit Pfeffer ab.

Diese Terrine hält sich in einem luftdicht verschlossenen Behälter 24 Stunden im Kühlschrank.

Roher Fisch – gekochter Fisch

Fische und Schalentiere in all ihren Erscheinungsformen sind einfacher zu kauen, zu verdauen und vom Körper umzusetzen als Fleisch. Die Frage, ob kleine Kinder rohen Fisch und Schalentiere essen sollten, ist recht umstritten. Die Japaner essen sie seit Jahrtausenden, ebenso wie die Tahitianer, von denen wir das folgende Rezept haben. Geschmack und Konsistenz sind unvergleichlich.

Eine einzige Bedingung: Sie sollten ganz sicher sein, daß Fisch und Schalentiere ganz frisch sind.

Rohe Dorade mit Kokosnuß [ab 12 Monaten]

Ein von Tahiti inspiriertes Rezept. Die Dorade ist ein Fisch mit weißem, festem Fleisch. Wird sie roh zubereitet, ist ihr sehr feiner Geschmack jenem der Krabbe vergleichbar. Kinder lieben das Exotische.

Rezept für 3 Personen
Vorbereitung: 20 Minuten
Marinade: 1 Stunde

- 3 Doradenfilets grau oder rot
- 1 fein gehackte Schalotte
- 2 Karotten
- 2 gekochte Eier
- 3 Zitronen (Limetten wenn möglich)
- 60 g Kokosraspel
- 3 Eßlöffel Olivenöl aus erster Kaltpressung
- 1 Stengel Kerbel und / oder Koriander
- Meersalz
- Pfeffer für die Erwachsenen

Bitten Sie den Fischhändler, Ihnen 3 Filets zu präparieren. Schneiden Sie diese mit einer Schere in schmale Streifen und legen Sie sie auf einen Teller. Pressen Sie die Zitronen aus, gießen Sie den Saft zusammen mit einem Löffel Öl über die Filets und achten Sie darauf, daß alle Streifen gut getränkt sind. Dekken Sie das Ganze mit Klarsichtfolie ab und lassen Sie die Marinade wenigstens 1 Stunde im Kühlschrank ziehen.

Währenddessen schälen, reiben und würzen Sie die Karotten mit einer Messerspitze Salz und 2 Eßlöffeln Öl. Kochen Sie die Eier 7 Minuten, schälen und schneiden Sie sie in Stücke.

Kurz bevor Sie auftragen, nehmen Sie die Filetstreifen aus der Marinade heraus. Sie sind jetzt ganz weiß, gewissermaßen durch das Einlegen gegart. Geben Sie die Streifen auf die Mitte einer Servierplatte und streuen Sie Kokosraspel und die sehr fein gehackten Kräuter darüber. Ordnen Sie die geriebenen Karotten wie einen kleinen Wall um die Filets herum an und dekorieren Sie mit dem Ei.

Reservieren Sie **die Menge eines halben Filets für Ihr Baby**. Schmecken Sie den Rest für die Erwachsenen mit etwas frisch gemahlenem Pfeffer und der fein gehackten Schalotte ab. Falls Sie ein Liebhaber von Majonnaise sind, können Sie die Eier damit dekorieren.

Roher Lachs mit Dill und Johannisbeeren [ab 6 Monaten]

Roher Lachs ist eine köstliche Vorspeise, die in allen guten Restaurants mit dem geräucherten Lachs in Konkurrenz liegt.

Dieser ›fett‹ genannte Fisch hat sehr hohe Nährwerte. Ich empfehle ihn für Babys ab dem 6. Monat. Seine Konsistenz ist zart und schmelzend.

Johannisbeeren sind Sommerfrüchte mit einem frischen säuerlichen Geschmack. Sie können im Winter etwa durch Clementinen ersetzt werden, die gehäutet und in kleine Stücke zerlegt werden.

Rezept für 3 Personen
Vorbereitung: 3 Minuten
Marinade: 1 Stunde

- 3 Scheiben roher und ganz frischer Lachs
- 2 Eßlöffel Olivenöl aus erster Kaltpressung
- 1 Stengel Dill oder Fenchelkraut
- 50 g Johannisbeeren
- Pfeffer für die Erwachsenen

Bitten Sie Ihren Fischverkäufer, die Scheiben so fein wie Papier zu schneiden. Legen Sie sie auf einen tiefen Teller und übergießen sie mit dem Olivenöl, so daß alle Scheiben gut durchtränkt sind. Decken Sie das Ganze mit Folie ab und lassen Sie es 1 Stunde im Kühlschrank ziehen. Währenddessen waschen Sie die Johannisbeeren in einem Sieb unter laufendem Wasser, trocknen sie mit Küchenpapier und zupfen sie von den Stengeln.

Geben Sie die Johannisbeeren über den Lachs und über streuen Sie das Ganze mit dem fein gehackten Dill. Reservieren Sie **eine kleine halbe Scheibe für Ihr Baby**, schneiden Sie diese in löffelgroße Stückchen und servieren Sie sie mit 2 gehackten Salatblättern, auf die Sie ein paar Tropfen Zitrone geben. Sie können auch als Beilage eine kleine in Dampf gegarte und mit einer Gabel zerdrückte Kartoffel hinzufügen.

Verfeinern Sie die Würze dieses Gerichts, indem Sie für die Erwachsenen Pfeffer hinzufügen.

Die kleinen Fische stromabwärts in die Mikrowelle... und keine Töpfe zu spülen! Eine Küche ohne schlechte Gerüche, gesund, schnell, ausgezeichnet

Kabeljau auf indische Art [ab 12 Monaten]

Der Kabeljau auf indische Art, serviert mit Bananen als Gemüse, ist ein exotisches Rezept, das sich schon sehr früh zum Lieblingsgericht meiner Tochter entwickelt hat. Ich kann es Ihnen also nur sehr empfehlen. Die Zubereitung, wie sie hier für Kabeljau vorgeschlagen wird, gilt gleichermaßen für Seehecht, Muräne und Schellfisch.

Rezept für 3 Personen
Vorbereitung: 5 Minuten
Kochzeit: 7 Minuten

- 3 Scheiben Kabeljau
- 1 Zwiebel
- 1 Tomate
- 1 Eßlöffel milder Curry
- 2 Eßlöffel Olivenöl aus erster Kaltpressung
- ½ Zitrone
- Pfeffer für die Erwachsenen

Legen Sie die Kabeljauscheiben auf einen mit Zellophan oder einem Deckel abgedeckten Teller, um sie 7 Minuten in der Mikrowelle auf der höchsten Temperaturstufe zu garen.

Schälen Sie währenddessen eine Zwiebel unter laufendem Wasser, schneiden Sie sie fein und braten sie bei kleiner Flamme in einer Pfanne mit Olivenöl goldgelb. Schneiden Sie die Tomate in kleine Stücke und geben diese zu der Zwiebel.

Streuen Sie schließlich das Currypulver über Zwiebel und Tomate, fügen Sie ein halbes Glas Wasser hinzu und lassen Sie das Ganze noch eine Minute auf kleiner Flamme ziehen, bevor Sie den Zitronensaft und die Kabeljauscheiben hinzugeben.

Kurz bevor Sie auftragen, **entnehmen Sie die Portion fürs Baby** (½ Scheibe) und würzen Sie für die Erwachsenen mit schwarzem Pfeffer oder – falls Sie es sehr scharf lieben – mit Cayennepfeffer nach.

Die besten Beilagen zu diesem Gericht sind Reis, Gemüsebananen und grüne Bohnen.

Seelachs in Estragonsauce [ab 12 Monaten]

Der Seehecht oder auch Seelachs wird geschätzt wegen seines festen weißen Fleischs. Ich bereite ihn mit einer leichten, schmackhaften und etwas säuerlichen Sauce zu. Ein schnelles und sehr angenehmes Rezept.

Rezept für 3 Personen
Vorbereitung: 5 Minuten
Kochzeit: 9 Minuten

- 3 Seelachsfilets (allererste Frische)
- 3 Teelöffel Mehl
- 3 Eßlöffel Sonnenblumenöl
- 1 Stengel Dill oder Fenchelkraut
- ½ Zitrone
- Pfeffer für die Erwachsenen

Reiben Sie alle 6 Filetseiten mit je einem halben Teelöffel Mehl ein. Erhitzen Sie langsam das Öl in einer Pfanne und braten Sie die Filets 5 Minuten auf der einen und 4 Minuten auf der anderen Seite.

Kurz bevor Sie auftragen, geben Sie Zitrone und Kräuter über die Filets, **entnehmen Sie die Portion fürs Baby** (40 g) und schmecken für die Erwachsenen mit Pfeffer ab.

Seelachs in der Mikrowelle gedämpft [ab 6 Monaten]

Kein Öl, kein Mehl, keine hartnäckigen Gerüche, keine Töpfe zu spülen. Seelachs ist auch sehr gut und noch bekömmlicher, wenn er in der Mikrowelle gegart wird.

Rezept für 3 Personen
Vorbereitung: 2 Minuten
Kochzeit: 7 Minuten

Legen Sie die 3 Filets auf einen Teller, den Sie mit Frapan-Folie oder einem Deckel abdecken, um sie dann 7 Minuten bei maximaler Leistung in der Mikrowelle zu dämpfen. Lassen Sie die Filets gut abtropfen, bevor Sie die Estragonsauce darübergeben (Zubereitung der Sauce im folgenden Rezept).

Zitronensauce mit Estragon [ab 6 Monaten]

Rezept für 3 Personen
Vorbereitung: 5 Minuten
Kochzeit: 2 Minuten

- 2 Teelöffel Maizena
- 1 Zitrone
- 1 Estragonzweig
- 2 Eßlöffel Crème fraîche
- Meersalz

Lösen Sie das Maizena in etwas Wasser auf. Erhitzen Sie in einem kleinen Schüsselchen den Saft einer Zitrone zusammen mit den fein gehackten Estragonblättchen bei maximaler Leistung in der Mikrowelle. Geben Sie das Maizena dazu, indem Sie zügig umrühren, und lassen Sie noch einmal 1 Minute in der Mikrowelle kochen. Zum Schluß rühren Sie noch die Crème fraîche und das Salz hinein.

Bruder-Jakob-Muscheln [ab 9 Monaten]

Die Jakobsmuscheln verdanken ihren Namen den Pilgern von Santiago de Compostela, die diese Muscheln als Emblem auf ihren Hüten trugen. Diese Schalentiere können auf hundertfache Weise zubereitet werden. Es ist ein etwas teures Wintergericht, das man sich jedoch hin und wieder als Vorspeise gönnen sollte.

Rezept für 3 Personen
Vorbereitung: 5 Minuten
Marinade: ¼ Stunde
Kochzeit: 12 Minuten

- 8 Jakobsmuscheln (ganz frisch)
- 2 Schalotten
- 1 Eßlöffel Butter
- 3 Eßlöffel Olivenöl aus erster Kaltpressung
- 3 Eßlöffel Crème fraîche
- Frische Kräuter, Petersilie, Schnittlauch...
- Pfeffer für die Erwachsenen

Wählen Sie Muscheln aus, die noch fest geschlossen sind, was ein Zeichen ihrer Frische ist. Bitten Sie Ihren Fischhändler, die Muscheln zu öffnen und Ihnen Muschelfleisch und Rogen separat mitzugeben.

Halbieren Sie jedes Stück Muschelfleisch. Legen Sie es auf einen Teller und geben Sie 2 Löffel Olivenöl darüber. Achten Sie darauf, daß alle Stücke gut durchtränkt sind. Bedekken Sie sie mit Folie und lassen Sie sie ¼ Stunde ziehen.

Währenddessen schälen Sie die Schalotten unter laufendem Wasser und hacken sie ganz fein. Braten Sie sie langsam 5 Minuten in einer Pfanne mit einem Löffel Öl und der Butter an, fügen Sie dann den Rogen hinzu und schmoren sie weitere 5 Minuten. Geben Sie schließlich noch das Muschelfleisch zusammen mit der Crème fraîche hinein und lassen Sie das Ganze noch einmal 2 Minuten auf der Flamme.

Hacken Sie die Kräuter ganz fein und streuen Sie sie darüber.

Kurz bevor Sie auftragen, **entnehmen Sie die Portion fürs Baby** (40 g) und schmecken für die Erwachsenen mit Pfeffer ab.

Als Beilage empfehle ich Naturreis.

Jakobsmuscheln auf provençalische Art [ab 18 Monaten]

Die Provençe – das bedeutet Sonne, Tomaten, Thymian, Oliven und Knoblauch… Und Muscheln auf provençalische Art? Warten Sie's ab…!

Rezept für 3 Personen
Vorbereitung: 5 Minuten
Marinade: ¼ Stunde
Kochzeit: 14 Minuten

- 9 Jakobsmuscheln (ganz frisch)
- 2 Tomaten
- 1 Zwiebel
- 3 Eßlöffel Olivenöl aus erster Kaltpressung
- 1 Eßlöffel Tomatenkonzentrat
- 1 Knoblauchzehe
- 1 Messerspitze Thymian
- Pfeffer für die Erwachsenen

Halbieren Sie jedes Stück Muschelfleisch. Legen Sie es auf einen Teller und geben Sie 2 Löffel Olivenöl darüber. Achten Sie darauf, daß alle Stücke gut durchtränkt sind. Bedecken Sie sie mit Folie und lassen Sie sie ¼ Stunde ziehen.

Währenddessen schälen Sie die Schalotten unter laufendem Wasser und hacken sie ganz fein. Braten Sie sie langsam 5 Minuten in einer Pfanne mit einem Löffel Öl an. Schälen Sie den

Knoblauch, zerdrücken Sie ihn und vierteln Sie die Tomaten*. Geben Sie Knoblauch, Thymian, Tomaten und Tomatenkonzentrat mit 2–3 Eßlöffeln Wasser in die Pfanne, fügen Sie dann den Rogen hinzu und schmoren Sie das Ganze weitere 7 Minuten. Geben Sie schließlich noch das Muschelfleisch hinein und lassen Sie die Pfanne noch einmal 2 Minuten auf der Flamme.

Kurz bevor Sie auftragen, **entnehmen Sie die Portion fürs Baby** (80 g) und schmecken Sie für die Erwachsenen mit Pfeffer ab.

Muscheln gratiniert [ab 15 Monaten]

Heizen Sie Ihren Backofen vor. Folgen Sie dann dem vorhergehenden Rezept mit der Änderung, daß Sie das rohe Muschelfleisch nicht in die Pfanne, sondern in die Muschelschale legen, die anderen Zutaten einschließlich des Rogens darüber geben und schließlich noch über jede Muschelschale einen Teelöffel Paniermehl streuen. Stellen Sie an Ihrem Backofen Position ›Grill‹ ein und lassen Sie die Muscheln 10 Minuten überbacken.

Rochen auf Gürkchen [ab 12 Monaten]

Der Rochen ist ein flacher Fisch von feinem, weißem Fleisch. Er schmeckt sehr lecker, wenn man ihn anstatt mit brauner Butter mit Crème fraîche pochiert. Er harmoniert gut mit dem säuerlichen Geschmack von Cornichons, Kapern und Sauerampfer.

Rezept für 3 Personen
Vorbereitung: 5 Minuten
Kochzeit: 7 Minuten

* Machen Sie's in dieser Reihenfolge, denn die Tomate nimmt die sonst hartnäckigen Knoblauchdüfte von den Fingern an.

- 3 Rochenflossen
- 6 bis 8 Cornichons
- ½ Glas Weinessig, in dem die Cornichons eingelegt waren
- 3 Eßlöffel Crème fraîche
- 1 Stengel Dill oder Fenchelkraut
- Salz
- Pfeffer für die Erwachsenen

Geben Sie die Rochenstücke mit dem Weinessig und dem Salz in einen Topf mit kaltem Wasser und lassen Sie sie 10 Minuten köcheln. Währenddessen schneiden Sie die Cornichons ganz klein, hacken den Dill und vermischen beides mit der Crème fraîche. Trocknen Sie die Rochenstücke, ziehen Sie die Haut ab und geben Sie die Crème fraîche darüber. Kurz bevor Sie auftragen, **entnehmen Sie die Portion fürs Baby** (60 g) und schmecken für die Erwachsenen mit Pfeffer ab.

Als Beilagen empfehle ich Kartoffeln, Reis, Fenchel, Zucchini oder auch Spinat.

Lachs auf Lachs [ab 12 Monaten]

Es ist heute Mode, den Lachs nur einseitig zu garen, das heißt, er wird nur von einer Seite gegrillt. Dies ist eine Methode, die es erlaubt, gleichzeitig den Geschmack des rohen und des garen Lachses zu genießen. Wenn die Zubereitung jedoch mißglückt, ist der Fisch ungenießbar. Hier also ist meine Methode, die dem Geschmack und den unterschiedlichen Konsistenzen gerecht wird.

Rezept für 3 Personen
Vorbereitung: 5 Minuten
Marinade: 1 Stunde
Kochzeit: 7 Minuten

- 3 dünngeschnittene Scheiben roher Lachs (ganz frisch!)
- 3 rohe Lachsfilets
- 2 Eßlöffel Olivenöl aus erster Kaltpressung
- 1 Stengel Dill oder Fenchelkraut
- ½ Zitrone
- Pfeffer für die Erwachsenen

Bitten Sie Ihren Fischhändler zusätzlich zu den Lachsfilets um 3 dünn wie Papier geschnittene Scheiben. Legen Sie diese auf einen Teller, geben Sie das Olivenöl darüber und achten Sie darauf, daß alle Scheiben gut getränkt sind. Decken Sie den Teller mit Folie ab und stellen Sie ihn für 1 Stunde in den Kühlschrank.

Legen Sie die Filets auf einen mit Frapan-Folie oder einem Deckel abgedeckten Teller und garen Sie sie 7 Minuten in der Mikrowelle bei maximaler Leistung.

Kurz bevor Sie auftragen, legen Sie auf jedes der Filets eine der hauchdünnen rohen Lachsscheiben, geben Sie einen Spritzer Zitronensaft und die Kräuter darüber, **entnehmen Sie die Portion fürs Baby** (40 g) und schmecken Sie für die Erwachsenen mit Pfeffer ab.

Als Beilage passen zu diesem Gericht sehr gut Chicorée, gedämpfter Fenchel, Spinat, grüne Bohnen, Reis oder dampfgegarte Kartoffeln.

Forelle auf Zwiebelpüree [ab 12 Monaten]

Rezept für 3 Personen
Vorbereitung: 5 Minuten
Kochzeit: 8 Minuten

- 2 schöne Forellen
- ½ Zitrone
- Meersalz
- Pfeffer für die Erwachsenen

Bitten Sie Ihren Fischhändler, die 2 schönsten Forellen auszunehmen, Kopf und Schwanz abzuschneiden. Legen Sie die Forellen auf einen mit Frapan-Folie oder einem Deckel abgedeckten Teller und garen Sie sie 8 Minuten in der Mikrowelle bei maximaler Leistung.

Als Beilage schlage ich das Zwiebelpüree vor (Rezept auf der folgenden Seite) oder wahlweise auch Salzkartoffeln, Reis, Fenchel oder Zucchini.

Zwiebelpüree – eine Delikatesse [ab 12 Monaten]

Rezept für 3 Personen
Kochzeit: 8 + 2 + 1 Minuten

- 3 große Zwiebeln
- 1 Eßlöffel Maizena
- 1 gestrichener Eßlöffel Curry
- 1 gestrichener Teelöffel Meersalz
- 1 kleines Schälchen Milch

Vierteln Sie die Zwiebeln und entfernen Sie nur die Teile der Schale, die gewissermaßen von alleine abfallen. Legen Sie die Stücke auf einen mit Frapan-Folie oder einem Deckel abgedeckten Teller und garen Sie sie 8 Minuten in der Mikrowelle bei maximaler Leistung. Schälen Sie dann das weiße und zarte Zwiebelfleisch mit Hilfe eines Löffels heraus und pürieren Sie es unter Zugabe einer Currybéchamel im Mixer.

Für die Béchamelsauce erhitzen Sie die Milch in dem kleinen Schüsselchen 2 Minuten bei Höchstleistung in der Mikrowelle.

Währenddessen verrühren Sie das Maizena mit 2 Eßlöffeln Milch, Curry und Salz. Rühren Sie dies dann in die heiße Milch. Die Mischung dickt sofort ein. Lassen Sie schließlich noch das mit der Béchamelsauce verrührte Zwiebelpüree 1 Minute lang weiterkochen, um optimale Homogenität zu erhalten.

Kurz bevor Sie auftragen, **entnehmen Sie die Portion fürs Baby** (60 g) und schmecken für die Erwachsenen mit Pfeffer ab.

Fleisch

Du stehst mir nicht vom Tisch auf, bevor du nicht dein Fleisch aufgegessen hast! Dieser schreckliche Satz hallt noch immer in unseren Ohren wider. Erinnern Sie sich an jenes Stück Steak, das wie Kaugummi in einer Backentasche herumlungerte und unmöglich hinunterzuwürgen war? Und können Sie sich vorstellen, daß Ihre lieben kleinen Bambini mit ihren niedlichen Beißerchen, den kleinen Milchzähnen, vielleicht noch nicht bereit sind, fleischessende Wesen zu werden?

Fleisch ist vortrefflich, um das Kauen zu üben. Diese Übung sollte jedoch nicht zu einer harten Prüfung werden. Vom 6. Monat bis zu 2 Jahren braucht das Baby nicht mehr als 60 Gramm Fleisch pro Tag, um sich gut zu entwickeln. Geben Sie ihm also nur ganz kleine Stückchen und essen Sie den Rest selber. Am Ende wird das Baby von sich aus bei Ihnen Fleisch ordern.

Die Zubereitungsarten

Aber jetzt sagen Sie doch mal, wie bereitet man denn Fleisch zu, das Erwachsenen ebenso zusagt wie Babys?

Das ist ganz einfach. Sie brauchen sich nur um eine leichte Küche zu bemühen und die Kochverfahren anzuwenden, bei denen Sie kein Bratfett hinzufügen müssen. So ist das Fleisch auch für empfindlichste Mägen bekömmlich.

Gegrillt, auf einer heißen gußeisernen Grillplatte
Sie brauchen die Fleischstücke nicht mit Öl oder Butter zu bestreichen, der Trick hierbei ist der, die Platte aufzuheizen, bis sie fast raucht. Wenn Sie das Fleisch auf diese Weise anbraten, behält es seinen Geschmack und seinen Saft. Es läßt sich nach

einigen Minuten ganz leicht von der Platte lösen und auf die andere Seite wenden.

Gegrillt, auf einem Bett aus Kräutern und grobem Salz
Dieses Kochverfahren ist eine angenehme Variante des vorhergehenden, läßt das Fleisch aber würziger werden. Wenn Sie keine Grillplatte haben, können Sie das zu bratende Stück Fleisch auch auf eine dicke Lage von grobem, in der heißen Pfanne aufgeschichtetem Salz legen, und zwar in dem Moment, wenn das Salz anfängt zu knistern.

Gebraten, im traditionellen Backofen oder am Spieß
Ist der Backofen gut vorgeheizt, wird das Fleisch schnell von der trockenen Hitze erfaßt. Diese Methode ist die beste für Rind- und Lammfleisch, aber weniger empfehlenswert für Kalb- und Schweinefleisch, die dazu neigen, hart und trocken zu werden, wenn man sie zu schnell brät.

Geflügel sollte, bevor es in den Backofen geschoben wird, mit einer Messerspitze an mehreren Stellen der Haut eingestochen werden, damit das Fett, das sich normalerweise unter der Haut versteckt hält, während des Bratens herauslaufen kann.

Ein nützlicher Hinweis: Es ist besser, rotes Fleisch nicht vor dem Braten zu salzen, am Ende der Bratzeit hingegen um so reichlicher, und zwar mit grobem Salz, das Sie in etwas gutem Weinessig* aufgelöst haben. Lassen Sie danach das Fleisch vor dem Anschneiden noch einige Minuten ruhen. Um dem Fleisch nach dem anstrengenden Gebratenwerden ein wenig Ruhe zu gönnen, lassen Sie es im abgeschalteten Backofen stehen, bei leicht geöffneter Türe, und decken Sie es mit Backpapier oder vielleicht sogar mit einem Deckel zu. Meine Groß-

* Der Weinessig hilft, die Fleischsauce zu binden, er ermöglicht ebenso ein schnelles Auflösen des Salzes, das dann in das Fleisch eindringen und verhindern kann, daß das Blut in der Mitte des Bratens erstarrt. Es verteilt sich gut, es gibt kein blutiges Brateninneres, kein trockenes hinteres Ende, keine Ängste für den Fall, daß die Tischgäste mit Verspätung eintreffen.

mutter transportierte auf diese Weise ihre Hammelkeulen nach Hause... vom Ofen des benachbarten Bäckers, wo sie gebakken worden waren. Sie ließ allerdings einen Braten von einem Kilo Gewicht nur 20 Minuten braten, 5 Minuten weniger als die normale Bratdauer pro Pfund. Doch wenn es auf diese Weise warmgehalten wird, gart das Fleisch ganz langsam weiter.

In der Bouillon: Kaninchen, Kalbsragout, Eisbein
Gekochtes Fleisch, das heißt, in kaltem Wasser aufgesetzt, das langsam erhitzt wird, oder pochiert in der siedend heißen Bouillon, galt schon immer als besonders bekömmlich. Gerichte mit sehr fettem Fleisch sollten Sie am Vorabend kochen, sie über Nacht abkühlen lassen und am nächsten Morgen das Fett abschöpfen, das sich an der Oberfläche abgesetzt hat. Danach können Sie es in der auf diese Weise entfetteten Bouillon wieder erhitzen.

Im Schnellkochtopf, in einem Fond gewürzter Bouillon oder im Saft von Gemüse
Wenn das Fleisch zuvor mariniert wurde, ist der Unterschied zu einem traditionellen und mit Fett gekochten Ragout minimal.

Dampfgegart, in der Mikrowelle
Dieses Kochverfahren ist sehr gut für Fisch, jedoch nicht besonders geeignet für Fleisch, das fade und schlaff wird. Im Gegensatz dazu geraten Leber und Hirn ganz ausgezeichnet.

Gebraten, in der Pfanne, danach vom Fett befreit.
Wenn Sie gerne in der Pfanne braten und doch zugleich leicht kochen wollen, ist es sinnvoll, eine beschichtete Pfanne zu benutzen, in der das Bratgut nicht am Boden klebt, das Fleisch vor dem Braten zu marinieren, um es zart zu machen und ihm das gewisse Etwas zu geben, sehr wenig Öl zu benutzen, alles sehr sorgfältig anzubraten und danach auf einem saugfähigen Papier vom überflüssigen Fett zu befreien.

Erhitzte Fette, die fraglos den Geschmack von Lebensmitteln bereichern, sind schwer verdaulich, ganz besonders, wenn sie wieder aufgewärmt oder zu lange gekocht worden sind. Rohes Öl ist dagegen ganz ausgezeichnet für die Gesundheit.

Marinaden für eine leichte Küche

Wenn es keinen Kühlschrank gibt, und vor allem in sehr warmen Ländern, ist das Marinieren eine wertvolle Methode, Nahrungsmittel zu konservieren, zarter zu machen und ihnen mehr Geschmack zu geben.

Im Prinzip kann man alles Fleisch und allen Fisch in Salz, Salz und Zucker, Öl, Saft von Pampelmuse und Zitrone, in mit Wasser verdünnten Weinessig oder auch Wein einlegen. Für Kinder ersetzt man den Wein durch leicht gesäuerte Aufgüsse von Geschmacksbringern wie Thymian, Minze, Knoblauch oder Lorbeer mit ein wenig Weinessig.

Drei einfache Marinaden

- Zitronenmarinade mit Kräutern und scharfem oder normalem Pfeffer für die Erwachsenen. Sie gart Fleisch und Fisch gewissermaßen vor.
- Ölmarinade, ausgezeichnet für rohen Lachs und für Fleisch, das gebraten und durch die Marinade zart werden soll. Für die leichte Küche empfiehlt sich, alles, was aus der Marinade kommt, sorgfältig abtropfen zu lassen und auf Küchenpapier zu trocknen.
- Essigmarinade auf der Basis von Weinessig aus Apfelwein mit einer Zwiebel, einer Karotte, Fenchel, Thymian, Rosmarin, Lorbeer, Gewürznelke, einigen Pfefferkörnern und Kräutern – Basilikum, Petersilie, Koriander... Ich empfehle sie für Ragouts und für dünn geschnittenes Fleisch, das gegrillt werden soll.

Zarte Kalbsleber mit Weintrauben [ab 9 Monaten]

Innereien sind weich, leicht zu kauen und einfach vom Körper zu verarbeiten. Gewöhnlich wälzt man sie in Mehl und brät sie in Butter auf kleiner Flamme in einer Pfanne. Hier ist ein Rezept, das äußerst einfach, schmelzend-zart und leicht ist.

Rezept für 3 Personen
Vorbereitung: 10 Minuten
Marinade: über Nacht
Kochzeit: 10 Minuten

- 300 g Kalbsleber
- 1 Eßlöffel Olivenöl
- Der Saft einer Zitrone
- 10 Weintrauben (weiß)
- 1 Teelöffel Rohrzucker
- 1 Eßlöffel Butter
- 1 Prise Pfeffer, Nelken, Muskatnuß und Zimt
- 1 Teelöffel gutes Meersalz
- 1 Zwiebel
- Pfeffer für die Erwachsenen

Enthäuten Sie die Zwiebel und schneiden Sie sie in Ringe. Richten Sie eine kleine Marinade aus Zitronensaft, Öl und den vier Gewürzen an. Legen Sie die Kalbsleber am Stück in eine Salatschüssel, fügen Sie Salz und die Marinade hinzu und dekken Sie das Ganze mit einem Teller ab.

Lassen Sie die Leber über Nacht im Kühlschrank marinieren. Drehen Sie sie ein- oder zweimal um, damit sie überall gut durchtränkt ist. Auf diese Weise ist die Leber gewissermaßen vorgegart.

Nehmen Sie sie aus der Marinade und legen sie auf ein saugfähiges Papier. Dann schaffen Sie ihr eine zweite Haut, indem Sie sie in Zellophan einwickeln. Kochen Sie sie zugedeckt auf höchster Stufe 4–5 Minuten in der Mikrowelle und überprüfen

Sie dann, ob die Kalbsleber ausreichend gar ist, indem Sie mit einer feinen Messerspitze hineinstechen.

Sie darf in der Mitte gerade noch rosa sein. Lassen Sie die Marinade in einem Topf einköcheln, geben Sie die enthäuteten Weinbeeren und den Löffel Rohrzucker dazu, schließlich noch die Butter, gerade so lange, bis sie geschmolzen ist, und dann gießen Sie das Ganze über die Leber. **Entnehmen Sie die Portion fürs Baby** (30 g), und schneiden Sie sie in ganz kleine Stücke. Fügen Sie Pfeffer für die Erwachsenen hinzu.

Das Gericht wird mit Kartoffelpüree, Reis oder in Wasserdampf gegartem Gemüse serviert.

Sommerliche Kalbsroulade mit Reis [ab 15 Monaten]

Dies ist ein wirklich gutes Rezept, ein vollständiges Gericht, ziemlich leicht zuzubereiten und geradezu ein Kinderspiel, wenn Ihr Metzger bereit ist, die Rouladen zu schnüren.

Rezept für 3 Personen
Vorbereitung: 15 Minuten
Kochzeit: 10 Minuten

- 3 dünngeschnittene Kalbsschnitzel
- 3 Scheiben Kochschinken
- 2 Eier
- 6 grüne Oliven ohne Stein
- 1 Eßlöffel Olivenöl aus erster Kaltpressung
- 3 Petersilienstengel
- 1 Zwiebel
- 6 enthäutete Cocktail-Tomaten oder ½ Dose geschälte Tomaten
- 1 Messerspitze Thymian
- 2 Tassen Langkornreis
- 2 Tassen Wasser (2 ½ Tassen bei frischen Tomaten)

- gutes Meersalz
- Paprika und Pfeffer für die Erwachsenen

Kochen Sie die Eier 10 Minuten hart und schrecken Sie sie dann unter kaltem Wasser ab. Schneiden Sie den Schinken in feine Stückchen, hacken Sie die hartgekochten Eier, die Oliven und die Petersilie. Verteilen Sie diese Füllung auf den Kalbsschnitzeln und verschnüren Sie diese zu Rouladen. Schälen Sie die Zwiebeln und schneiden Sie sie in Stücke.

Erhitzen Sie das Olivenöl im Schnellkochtopf und braten Sie die Rouladen zusammen mit den Zwiebeln goldbraun an. Fügen Sie die Tomaten mit ihrem Saft, Thymian, Salz, Reis und Wasser hinzu. Verschließen Sie den Topf und lassen Sie das Ganze 10 Minuten garen.

Entnehmen Sie den fürs Baby bestimmten Teil (60 g) und schmecken Sie für die Erwachsenen mit Pfeffer und Paprika ab.

Um zu verhindern, daß die Augen tränen, können Sie die Zwiebeln unter laufendem Wasser schälen.

Um das Enthäuten der Tomaten zu vereinfachen, ist es sinnvoll, sie einige Minuten in siedendes Wasser zu legen. Die Haut läßt sich so leicht abrollen.

Winterkalb mit Orange [ab 18 Monaten]

Rezept für 3 Personen
Vorbereitung: 10 Minuten
Kochzeit: 40 Minuten

- 600 g Kalbfleisch aus der Lende
- 1 Eßlöffel Olivenöl
- 5 Karotten
- 2 Orangen
- ½ Zitrone
- 1 Fenchelknolle
- 1 Zwiebel

- 1 gestrichener Suppenlöffel Mehl
- 2 Gewürznelken
- 1 Teelöffel Meersalz
- Pfeffer, Paprika und ein Fingerhut Curaçao für die Erwachsenen

Schälen und schneiden Sie die Karotten in feine Scheiben, schälen und vierteln Sie Zwiebel und Fenchel.

Geben Sie das in Stücke geschnittene Fleisch in den Schnellkochtopf und braten Sie es im Öl kurz goldbraun an. Streuen Sie das Mehl darüber. Pressen Sie die Orangen aus und geben Sie den Saft dazu. Fügen Sie dann Karotten, Zwiebel, Fenchel, Nelken und einen Teelöffel Meersalz hinzu. Verschließen Sie den Topf und lassen Sie alles 40 Minuten garen.

Kurz bevor Sie auftragen, geben Sie den Zitronensaft darüber, **entnehmen den fürs Baby bestimmten Teil** (50 g) und schneiden ihn mit einer Schere in kleine Stücke. Schmecken Sie für die Erwachsenen mit Pfeffer, Paprika und Curaçao ab. Als Beilage empfiehlt sich Safranreis.

Damit der Safran sein volles Aroma entfalten kann, sollten Sie ihn mit einem Löffelrücken zu Puder zerdrücken und dann kurz in sehr wenig Wasser ziehen lassen, bevor sie ihn über den Reis geben.

Falls Sie keinen Schnellkochtopf haben, können Sie das Kalbfleisch auch in einer normalen Kasserolle auf kleiner Flamme kochen. Sie müssen dann die Kochzeit verdoppeln und wegen höherem Dampfverlust ein Glas Wasser hinzufügen.

Kalbsragout mit Salbei [ab 12 Monaten]

Die Grundlage dieses sehr einfachen Rezepts geht zurück auf die früheste Antike.

Gegrilltes oder in Fett angebratenes Fleisch wird anschließend in kochendem und gewürztem Wasser pochiert. Die Köche haben dieses Gericht perfektioniert, indem sie verschiedene

Saucen dazu erfunden haben. Die Sauce zum Kalbsragout, »Blanquette« genannt, ist ein kleines Wunder, das Groß wie Klein gleichermaßen begeistert und ebenso für das berühmte Rezept »Huhn im Topf« des guten alten König Heinrich verwendet werden kann.

Rezept für 3 Personen
Vorbereitung: 10 Minuten
Kochzeit: 40 Minuten

- 300 g Kalbsschulter
- 300 g Kalbshaxe (möglichst zart)
- 1 Karotte
- 1 Zwiebel
- je 1 Zweig Thymian und Petersilie
- 3 Lorbeerblätter und 3 Gewürznelken
- 1 Salbeistengel
- 1 Teelöffel Meersalz
- 2 Eßlöffel Sonnenblumenöl
- 1 Teelöffel Butter

Erhitzen Sie Öl und Butter im Schnellkochtopf und braten Sie darin das in Stücke geschnittene Fleisch goldbraun an. Warten Sie mit dem Wenden, bis sich die Fleischstücke vom Boden ablösen, und braten Sie sie von allen Seiten gut an. Schälen und schneiden Sie die Karotte in Scheiben, schälen und vierteln Sie die Zwiebel. Gießen Sie kochendes Wasser über das Fleisch, so daß es gerade bedeckt ist, geben Sie Karotte, Zwiebel, Thymian, Petersilie, Lorbeer, Gewürznelken, Salbei und Salz dazu. Verschließen Sie den Topf und lassen Sie das Ganze 40 Minuten kochen.

Entnehmen Sie die Portion fürs Baby (40 g). Wählen Sie für Ihr Baby ein Stück von der Schulter aus, das Sie leicht mit einer Schere in ganz kleine Stücke schneiden können und über welche Sie dann etwas von der Sauce Blanquette (Rezept auf der folgenden Seite) oder einfach Crème fraîche mit einem Zitronenspritzer geben.

Falls Sie keinen Schnellkochtopf haben, können Sie dieses Gericht auch in einem normalen Topf zubereiten, indem Sie auf kleiner Flamme garen und die Kochzeit verdoppeln.

Sauce Blanquette – ein Hochgenuß [ab 12 Monaten]

Rezept für 3 Personen
Vorbereitung: 10 Minuten
Kochzeit: 40 Minuten

- 1 Eßlöffel Mehl
- 1 Eßlöffel Butter
- 1 Ei
- 4 Eßlöffel Crème fraîche
- 1 Zitrone
- Pfeffer für die Erwachsenen

Lassen Sie in einem Topf die Butter schmelzen. Ist sie schaumig, rühren Sie mit einem Holzlöffel das Mehl hinein und geben nach und nach 2 Kellen Fleischbrühe dazu, indem Sie gut verrühren. Lassen Sie die Sauce 5 Minuten kochen, sie muß eindicken wie ein Püree.

Schlagen Sie das Eigelb mit der Crème fraîche in einer Schüssel und fügen Sie nach und nach Zitronensaft hinzu. Nehmen Sie jetzt den Topf mit der Sauce vom Feuer und rühren Sie den Inhalt der Schüssel hinein. Fertig.

Geben Sie dem Baby nicht zuviel von der Sauce. Bei sich selbst hingegen zögern Sie nicht und schmecken Sie schnell noch mit Pfeffer ab.

Die Blanquette paßt vorzüglich zu in Dampf gegarten Kartoffeln, Chicorée und Champignons. Sie können sie auch mit Tagliatelle oder mit weißem Reis servieren.

Um das Baby fürs Essen zu begeistern, sagen Sie ihm nette Dinge, die ihm wie die allerleckersten Gerichte in den Ohren klingen werden: mein Hühnchen, mein Küken, mein Häschen, mein kleines Entchen!

Huhn im Topf mit Estragon [ab 12 Monaten]

Rezept für 3 Personen
Vorbereitung: 20 Minuten
Kochzeit: 30 Minuten

- 1 Huhn von etwa 1 Kilo, mit Leber
- 1 Scheibe gekochter Schinken
- 1 Schalotte
- 100 g Champignons
- 3 Karotten
- das Weiße von einer Lauchstange
- je 1 Zweig Thymian und Petersilie
- 3 Lorbeeerblätter und 3 Gewürznelken
- 1 Teelöffel Meersalz
- 3 Zweige frischer Estragon
- Pfeffer für die Erwachsenen

Entfernen Sie die erdigen Füße der Champignons, waschen Sie sie kurz unter fließendem Wasser und trocknen sie auf Küchenpapier. Schneiden Sie sie zusammen mit Schinken, Schalotte, Petersilie und der Hühnerleber. Füllen Sie das Huhn mit dieser Farce und schnüren Sie es, indem Sie die Schenkel über den Bauch binden, damit die Füllung nicht ausläuft. Schälen und schneiden Sie Karotten und Lauch in Scheibchen.

Geben Sie das Huhn mit kochendem Wasser in den Schnellkochtopf, fügen Sie Lauch, Karotten, Thymian, Petersilie, Lorbeer, Gewürznelken und Salz hinzu. Verschließen Sie den Topf und lassen Sie ihn 30 Minuten kochen. **Entnehmen Sie den Teil fürs Baby** (40 g). Suchen Sie ein Stück weißes Fleisch aus, das sich leicht mit einer Schere in ganz kleine Stücke schneiden läßt und über das Sie ein wenig von der Sauce Blanquette und gehackten Estragon geben. Schmecken Sie für die Erwachsenen mit Pfeffer ab.

Zum Huhn mit Estragon ebenso wie zum Kalbsragout passen als Beilagen vorzüglich in Wasserdampf gegarte Kartoffeln, Chicorée, Tagliatelle oder weißer Reis.

Falls Sie über keinen Schnellkochtopf verfügen, können Sie das Huhn auch in einem normalen Kochtopf auf kleiner Flamme kochen. Sie müssen dann aber die Kochzeit verdoppeln.

Hähnchenschnitzel mit Ananas [ab 18 Monaten]

Rezept für 3 Personen
Vorbereitung: 10 Minuten
Marinade: mind. 10 Minuten
Kochzeit: 5 Minuten

- 2 kleine Hähnchenschnitzel
- 1 Scheibe Ananas (aus der Dose)
- 1 Zwiebel
- 1 Eßlöffel Sojasauce
- 1 Eßlöffel Olivenöl
- 1 Eßlöffel Senf
- Saft einer halben Zitrone, Prise Pfeffer, Gewürznelke, Muskatnuß und Zimt
- Meersalz
- Pfeffer für die Erwachsenen

Schneiden Sie die Schnitzel mit einer Schere in dünne Streifen. Schälen und schneiden Sie die Zwiebel in Ringe. Richten Sie aus dem Zitronensaft und den 4 Gewürzen eine kleine Marinade an. Gießen Sie die Marinade über das Fleisch und drehen

Sie die Stücke hin und wieder um. Nehmen Sie das Fleisch aus der Marinade heraus, trocknen es auf Küchenpapier und legen es in die heiße Pfanne. Braten Sie es einige Sekunden goldbraun und fügen Sie die in Stücke geschnittene Ananasscheibe hinzu. Lassen Sie sie einen Moment lang karamelisieren. Währenddessen vermengen Sie in dieser Reihenfolge Öl, Senf, Sojasauce, die Marinade und gießen diese Zubereitung über das Fleisch, rühren mit einem Holzlöffel um und lassen es 4 bis 5 Minuten kochen.

Entnehmen Sie die Portion fürs Baby (50 g). Schmecken Sie für die Erwachsenen mit Cayennepfeffer ab.

Seien Sie unbesorgt, Senf ist für kleine Kinder kein Problem. Gekocht entwickelt er eine sanfte und cremige Würze. Er verliert seine sauren und beißenden Anteile und verbindet sich glänzend mit Sojasauce und allen Kräutern und Gewürzen.

Ente auf Himbeeren [ab 15 Monaten]

»... Köpfchen unters Wasser, Schwänzchen in die Höh'«

Rezept für 3 Personen
Vorbereitung: 10 Minuten
Kochzeit: 25 Minuten

- 1 Ente, ausgenommen und kochfertig
- 3 Eßlöffel Honig
- 2 Eßlöffel Weinessig
- 100 g Himbeeren
- gutes Meersalz
- Pfeffer für die Erwachsenen

Heizen Sie Ihren Backofen 10 Minuten lang auf maximale Temperatur vor, regeln Sie dann das Thermostat auf 200 Grad. Legen Sie die Ente in eine Kasserolle, ohne sie mit Butter oder irgendeinem anderen Bratfett zu behandeln, stechen Sie einige Male mit einer Messerspitze hinein, damit die Haut während des Kochens das Fett herausläßt.

Waschen Sie die Himbeeren und lassen sie auf Küchenpapier trocknen. Mischen Sie in einer Schüssel Honig, Essig, Himbeeren und Salz. Erhitzen Sie diese Mischung 3 Minuten bei maximaler Temperatur in der Mikrowelle. 5 Minuten vor dem Ende der Kochzeit geben Sie sie über die Ente, schalten den Backofen ab und lassen die Ente ein wenig ruhen, damit sich die Hitze gleichmäßig im Fleisch verteilt.

Entnehmen Sie die Portion fürs Baby (50 g vom Filet), ziehen Sie die Haut ab, die, wie knusprig und lecker sie auch immer sein mag, der fetthaltigste Teil bleibt, und schneiden Sie das Fleisch in feine, lange Streifen. Schmecken Sie für die Erwachsenen mit Pfeffer ab. Diese Ente wird mit grünen Bohnen oder jungem Frühlingsgemüse und Reis serviert.

Seien Sie unbesorgt, Kleinkinder können Weinessig gut vertragen. Während des Kochens verdunsten seine ätherischen Dämpfe, und seine leicht sauren Bestandteile bereichern die Sauce. Außerdem ist er ein ausgezeichnetes »Vehikel« für die Gewürze.

Ente mit Feigen [ab 15 Monaten]

Dies ist eine einfache Variante der Ente mit Himbeeren. Es reicht aus, die Himbeeren durch Feigen zu ersetzen, die gleichzeitig als Beilage und als Sauce dienen.

- 6 Feigen

Mischen Sie 1 Löffel Honig, Salz und Weinessig in einer Schüssel. Waschen und halbieren Sie die Feigen. Legen Sie sie auf einen Teller und geben Sie die Marinade darüber, decken Sie den Teller ab und erhitzen Sie das Ganze 4 Minuten in der Mikrowelle bei maximaler Temperatur. Geben Sie die Feigen

Sommerliche Ente mit Himbeeren

5 Minuten vor dem Ende der Kochzeit zur Ente in die Kasserolle.

Vorschlag:
Falls Sie keine Feigen haben, können Sie die Ente auch mit kleinen Steckrüben und jungen Karotten servieren, die Sie in einer Pfanne gebraten oder in der Mikrowelle erhitzt und anschließend in Honig und Weinessig karamelisiert haben.

Winterkaninchen-Eintopf [ab 12 Monaten]

Ein exzellenter Eintopf, dessen leicht säuerlicher Geschmack dem von Borschtsch ähnelt. Probieren Sie ihn, Sie werden ihn mehr als einmal essen wollen.

Rezept für 3 Personen
Vorbereitung: 10 Minuten
Marinade: mind. 30 Minuten
Kochzeit: 40 Minuten

- 1 Kaninchen, in Stücke geschnitten
- 2 Eßlöffel Olivenöl
- 2 Karotten
- 3 Eßlöffel Weinessig
- 1 Petersilienstengel
- je 1 Zweig Thymian und Rosmarin
- 1 Lorbeerblatt
- ½ Weißkohl
- 2 Zwiebeln
- 2 Eßlöffel Tomatenkonzentrat
- 2 Eßlöffel Crème fraîche
- ½ Teelöffel gutes Meersalz
- Pfefferkörner, Paprika für die Erwachsenen

Winterkaninchen am Rindfleischeintopf

Bereiten Sie mit den geschälten und in Scheibchen geschnittenen Karotten, den geschälten und geviertelten Zwiebeln, dem Weinessig, einem Glas Wasser, der Petersilie, dem Lorbeer, Thymian, Rosmarin, Pfeffer und der Paprika eine kleine Marinade zu. Geben Sie die Marinade über die Kaninchenstücke. Wenden Sie die Stücke von Zeit zu Zeit. (Das Fleisch kann ab dem Vorabend in einer abgedeckten Schüssel im Kühlschrank marinieren.)

Bringen Sie Wasser in einem Topf zum Kochen, legen Sie dann den Weißkohl hinein, bis das Wasser erneut zu kochen beginnt. Nehmen Sie ihn heraus und lassen ihn abtropfen.

Geben Sie das Fleisch mit seiner Marinade und zusammen mit Tomatenkonzentrat, Kohl und Salz in den Schnellkochtopf. Lassen Sie alles 1 Minute sprudelnd kochen, damit der Essig verdunstet. Verschließen Sie dann den Topf und lassen ihn 20 Minuten kochen. Kurz bevor Sie auftragen, fügen Sie die Crème fraîche hinzu, **entnehmen die Portion fürs Baby** (50 g) und schneiden das Fleisch in kleine Stücke. Schmecken Sie für die Erwachsenen mit Pfeffer und Crème fraîche ab.

Das Winterkaninchen wird mit in Dampf gegarten Kartoffeln serviert.

Sommerkaninchen mit Estragon [ab 12 Monaten]

Rezept für 3 Personen
Vorbereitung: 10 Minuten
Marinade: mind. 30 Minuten
Kochzeit: 40 Minuten

- 1 Kaninchen, in Stücke geschnitten
- 2 Eßlöffel Olivenöl
- 2 Karotten
- 1 Zitrone
- 2 Tomaten
- 2 Zwiebeln

- 2 Eßlöffel Crème fraîche
- 4 Estragonzweige
- ½ Teelöffel Meersalz
- Pfeffer für die Erwachsenen

Stellen Sie aus Zitronensaft, Olivenöl, Pfeffer und Estragon eine kleine Marinade her. Geben Sie die Marinade über die Kaninchenstücke auf einem tiefen Teller. Wenden Sie die Stücke von Zeit zu Zeit. (Das Fleisch kann ab dem Vorabend in einer abgedeckten Schüssel im Kühlschrank marinieren.)

Schälen und schneiden Sie die Karotten in Scheiben, schälen und vierteilen Sie Zwiebeln und Tomaten.

Nehmen Sie das Fleisch aus der Marinade, trocknen Sie es auf saugfähigem Papier und geben es dann zusammen mit Karotten, Zwiebeln, Tomaten und Salz in den Schnellkochtopf. Verschließen Sie den Topf und lassen Sie ihn 20 Minuten kochen.

Kurz bevor Sie auftragen, geben Sie die Marinade in den Topf und lassen ihn noch 1 Minute auf dem Feuer, bevor Sie die Crème fraîche hinzufügen. **Entnehmen Sie die Portion fürs Baby** (50 g) und schneiden sie in kleine Stücke. Schmecken Sie für die Erwachsenen mit Pfeffer ab. Als Beilage empfehle ich Reis oder dampfgegartes Gemüse.

Ab dem Alter von 18 Monaten können Sie die Fleischstücke kurz in Fett anbraten, bevor Sie das Gemuse dazugeben.

Schweineschulter mit Zitronenconfit [ab 12 Monaten]

Ein Originalrezept, ebenso einfach wie gut, das ich lange Zeit geheim gehalten habe. Geben Sie es nur an Ihre besten Freunde weiter.

Rezept für 3 Personen
Vorbereitung: 5 Minuten
Kochzeit: 30 Minuten

- ½ Schweineschulter, leicht gepökelt
- 1 Zwiebel
- 3 Eßlöffel Zitronenchutney
- 10 grüne Oliven
- Pfeffer für die Erwachsenen

Die Fleischer machen so gutes Pökelfleisch, daß Sie ebensogut dort eine Schweineschulter kaufen können, die bereits mariniert ist. Während des Kochens wird dieses schmelzzarte Fleisch rosa wie ein Schinken. Vorsicht, fügen Sie auf keinen Fall Salz hinzu, das Gericht wäre ungenießbar, denn Chutney und Oliven sind bereits salzig.

Geben Sie Schulterstück, Chutney, Oliven und geschälte Zwiebel in kochendes Wasser im Schnellkochtopf. Verschließen Sie ihn und lassen Sie das Fleisch 30 Minuten kochen. Das ist alles!

Entnehmen Sie die Portion fürs Baby (50 g). Wählen Sie ein zartes Stück aus und schneiden Sie es mit einer Schere in kleine Stückchen. Schmecken Sie für die Erwachsenen mit Pfeffer ab.

Die Schweineschulter wird mit Reis oder dampfgegartem Gemüse serviert. Sie können sie auch kalt mit Kräuterquark essen.

Falls Sie keinen Schnellkochtopf haben, können Sie die Schweineschulter auch in einem normalen Topf auf kleiner Flamme kochen, indem Sie die Kochzeit verdoppeln.

Sommerliches Schweinefleisch mit Aprikosenchutney [ab 18 Monaten]

Ein süß-salziges Originalrezept. Wenn Sie Schweinebraten mit Pflaumen mögen, dann werden Sie die Schweineschulter mit Aprikosenchutney lieben. Chutney ist indischen Ursprungs und so etwas wie eine würzige und manchmal scharfe Konfitüre, gepriesen von den Engländern, die Chutneys aus fast allen Fruchtarten herstellen. Chutneys werden vor allem zu weißem Fleisch serviert.

Rezept für 3 Personen
Vorbereitung: 20 Minuten
Kochzeit: 30 Minuten

- ½ Schweineschulter
- Meersalz
- je 1 Zweig Thymian und Petersilie
- 3 Lorbeerblätter und 3 Gewürznelken
- 1 Zwiebel
- 500 g Aprikosen
- 100 g Gelierzucker
- 3 Eßlöffel Weinessig
- Paprika für die Erwachsenen

Setzen Sie die Schweineschulter mit Thymian, Petersilie, Lorbeer und Gewürznelken im Schnellkochtopf in kochendem Salzwasser auf. Lassen Sie sie 35 Minuten garen. Während dieser Zeit entkernen Sie die Aprikosen, schneiden sie in Stücke und schneiden die Zwiebel in feine Streifen. Geben Sie beides zusammen mit dem Gelierzucker in eine Schüssel, rühren Sie um und lassen Sie es stehen, bis sich der Zucker ganz aufgelöst hat. Geben Sie das Ganze in eine schwere Kasserolle und bringen es zum Kochen. Nach 5 Minuten Kochzeit geben Sie den Essig dazu und lassen weitere 5 Minuten kochen, damit sich die scharfen Essigdämpfe verflüchtigen. **Nehmen Sie vom Fleisch die Portion fürs Baby ab** (50 g), schneiden Sie diese mit einer Schere in ganz kleine Stücke und geben Sie das Chutney darüber. Schmecken Sie für die Erwachsenen mit Paprika ab.

Die Schweineschulter mit Aprikosenchutney wird mit Reis oder dampfgegartem Gemüse serviert. Sie können auch in einem normalen Topf auf kleiner Flamme kochen, indem Sie die Kochzeit verdoppeln.

Sommerlamm mit Honigkaramel [ab 15 Monaten]

Rezept für 3 Personen
Vorbereitung: 10 Minuten
Kochzeit: 5 Minuten

- ½ Lammschulter (etwa 500 g)
- 3 Eßlöffel Honig
- 2 Eßlöffel Weinessig
- ½ Teelöffel der Gewürzmischung aus Pfeffer, Gewürznelke, Muskatnuß und Zimt
- ½ Teelöffel Salz
- Pfeffer für die Erwachsenen

Heizen Sie Ihren Backofen 10 Minuten auf höchster Temperatur vor, regeln Sie ihn danach auf 200 Grad herunter. Geben Sie die Lammschulter ohne Butter oder irgendein anderes Fett in eine Kasserolle. Berechnen Sie die Garzeit für das erste Pfund auf etwa ¼ Stunde, geben Sie für jedes weitere Pfund 10 Minuten dazu. Vermischen Sie in einer Schüssel Honig, Essig und Salz. Gießen Sie den Inhalt der Schüssel 5 Minuten vor Ende der Garzeit über das Fleisch, schalten Sie Ihren Backofen ab und lassen Sie die Lammschulter ruhen, damit sich die Hitze vom Innern des Fleisches aus gleichmäßig verteilt.

Entnehmen Sie die Portion fürs Baby (50 g). Schmecken Sie für die Erwachsenen mit Pfeffer ab.

Als Beilage zu diesem Rezept empfehlen wir gebratene Auberginen, grüne Bohnen, Kartoffeln oder Reis.

Seien Sie ganz unbesorgt, der Essig ist für kleine Kinder ganz unproblematisch. Die ätherischen Dämpfe verflüchtigen sich während des Kochens, und seine leicht sauren Anteile verbessern die Sauce und sind ein ausgezeichnetes »Vehikel« für die Gewürze.

Spinatblatt
Karottenkraut
Salatherz
Meine ersten Gemüsepasteten
Radieschenkraut
Erbsenschote
Grüne Bohne

Lammfleisch mit Minze [ab 15 Monaten]

Einfache Variante des vorhergehenden Rezepts. Zerdrücken Sie einfach in einem Mörser die Blätter von drei Pfefferminzzweigen und vermischen Sie diese anschließend mit einem Eßlöffel Honig, Salz und Essig.

Lammfrikadellen auf Couscous [ab 12 Monaten]

Ein wunderbares Rezept von François, für seine Tochter komponiert, das bei allen Kindern beliebt ist.

Rezept für 3 Personen
Vorbereitung: 15 Minuten
Kochzeit: 20 Minuten

- 5 Lammkoteletts
- 1 Zwiebel
- 3 Karotten
- 3 weiße Rübchen
- 2 Zucchini
- 3 Zweige frischer Koriander
- 1 Knoblauchzehe
- ½ Teelöffel Ingwer
- 2 Würfel Rindsbouillon
- 250 g Couscous-Hirse (mittelfein und vorgekocht)
- 2 Eßlöffel Butter
- Harissa für die Erwachsenen

Hacken Sie das Lammfleisch und formen Sie mit den Händen 6 bis 8 Frikadellen.

Bringen Sie 1 ½ Liter Wasser mit den beiden Bouillonwürfeln im Schnellkochtopf zum Kochen. Schälen, waschen und schneiden Sie Karotten, Rübchen und Zwiebel und werfen Sie alles in den Topf, zusammen mit dem Knoblauch, dem Ingwer und den Korianderzweigen, von denen Sie die Blätter abgezupft und zur Seite gelegt haben. Verschließen Sie den Topf und lassen Sie das ganze 15 Minuten kochen.

Währenddessen geben Sie die Couscous-Hirse mit etwas Salz in eine Schüssel und übergießen sie mit ½ Liter kochendem Salzwasser. Lassen Sie die Hirse 3 Minuten in der Mikrowelle bei Höchstleistung quellen, rühren Sie sie danach mit einer Gabel kräftig durch und fügen Sie die Butter hinzu. Öffnen Sie den Schnellkochtopf, geben Sie die Zucchini und die Frikadellen hinein und lassen Sie alles noch weitere 5 Minuten kochen. Geben Sie zum Schluß noch die fein gehackten Korianderblätter darüber. **Entnehmen Sie die Portion fürs Baby** (1–2 Frikadellen) und schmecken Sie für die Erwachsenen mit Harissa ab.

Bulbaletten [ab 15 Monaten]

Bouletten sind rund, knusprig und einfach zu kauen. Ein doppeltes Vergnügen für Kinder und zufriedene Eltern.

Rezept für 3 Personen
Vorbereitung: 10 Minuten
Kochzeit: 7 Minuten

- 260 g Hackfleisch vom Rind
- 1 Ei
- ¼ Baguette oder 5 Scheiben trockenes Weißbrot
- 1 Glas Milch
- ½ Glas Wasser
- ½ Zwiebel
- 2 Zweige von Minze, Koriander oder Petersilie
- 1 Teller Paniermehl
- 10 cl Sonnenblumenöl
- ½ Zitrone

- Meersalz
- Pfeffer für die Erwachsenen

Mischen Sie Wasser und Milch, geben Sie Salz dazu und gießen Sie dies über das Brot in eine kleine Schüssel, die Sie mit Frapan-Folie oder mit einem Deckel bedecken und dann 2 Minuten bei maximaler Leistung in der Mikrowelle garen. Das trokkene Brot ist jetzt weich, und Sie können es mit den Fingern ausdrücken. Falls Sie frisches Baguette oder Brot verwenden, legen Sie es einfach in die kalte Wasser/Milch-Mischung und lassen es dort einige Minuten aufquellen.

Geben Sie das ausgedrückte Brot zusammen mit dem Hackfleisch, der sehr fein gehackten Zwiebel und der gehackten Minze in eine Schüssel. Vermengen Sie alles gut, bis Sie einen schönen rosa Teig erhalten. Formen Sie daraus 6 bis 8 Bouletten.

Verquirlen Sie das Ei, tränken Sie die Bouletten darin und wälzen Sie sie anschließend in dem Paniermehl.

Erhitzen Sie in einer großen Pfanne das Öl, ohne daß sich Rauch entwickelt. Die Pfanne muß richtig heiß sein, bevor Sie die erste Boulette hineingeben. Schalten Sie jetzt auf kleinere Flamme zurück und drücken Sie die Frikadellen mit einer Gabel ein wenig platt, damit sie weicher werden. Sind sie fertig gebraten, haben sie eine braune Färbung und sind knusprig. Legen Sie sie zum Schluß auf saugfähiges Papier.

Kurz bevor Sie auftragen, geben Sie einen Spritzer Zitrone darüber, **entnehmen die Portion fürs Baby** (1–2 Bouletten) und schmecken für die Erwachsenen mit Pfeffer ab. Diese Bouletten schmecken auch kalt ausgezeichnet, eine leckere Beilage ist Kartoffelsalat.

Falls Sie keine Mikrowelle haben, müssen Sie das trockene Brot etwa ½ Stunde lang einweichen.

Rindfleischstreifen mit Koriander [ab 18 Monaten]

Ein Hoch auf die Chinesen, die das in feine Streifen geschnittene Fleisch als Vorwand für raffinierte und würzige Gemüsekompositionen benutzen.

Rezept für 3 Personen
Vorbereitung: 10 Minuten
Marinade: mind. 10 Minuten
Kochzeit: 5 Minuten

- 2 Rindersteaks
- 100 g Champignons
- 1 Frühlingszwiebel (auch Lauchzwiebel genannt)
- 1 Eßlöffel Sojasauce
- 2 Korianderzweige
- 1 Eßlöffel Olivenöl
- 1 Eßlöffel Senf
- Pfeffer und als Beilage rote Paprika für die Erwachsenen

Schneiden Sie die Steaks mit einer Schere in feine Streifen. Schälen Sie die Frühlingszwiebel und schneiden Sie Zwiebel und Lauch in Ringe. Putzen, waschen und schneiden Sie die Champignons in feine Scheiben. Braten Sie das Fleisch in einer Pfanne mit einem Löffel Öl an, geben Sie dann Zwiebel, Champignons, Senf und Sojasauce dazu und verrühren Sie es gut mit einem Holzlöffel. Lassen Sie das Ganze 5 Minuten braten und streuen Sie den gehackten Koriander darüber.

Entnehmen Sie die Portion fürs Baby (50 g) und schmekken Sie für die Erwachsenen mit etwas gebratener roter Paprika und scharfem Pfeffer ab.

Seien Sie unbesorgt, der Senf ist unproblematisch für die Kleinen. Gekocht entwickelt er eine milde und cremige Würze. Er verliert seine sauren und scharfen Anteile und paßt sehr gut zu der Sojasauce und allen Kräutern und Gewürzen.

Süße Sachen

Das Baby braucht, wie alle großen Sportler, Zucker. Er ist wichtige Muskelnahrung und begünstigt seine Entwicklung. Doch Vorsicht, der raffinierte Zucker kann zu einer wahren Droge werden. Wir müssen von der Idee »etwas Süßes für unser kleines Süßes«, der Idee vom »süßen Trostpflaster«, Abschied nehmen.

Wenn Ihr Kind zwischen den Mahlzeiten Hunger hat, geben Sie ihm frisches Obst, ein seinem Alter angepaßtes Kompott oder Quark und rohes Gemüse.

Weniger Zuckerwerk, mehr Liebe und Zärtlichkeit!

Weniger Kuchen, statt dessen Süßspeisen: Leichte Zubereitungen mit Früchten anstelle von Zucker!

Und Kuchen, na schön, aber nur an besonderen Festtagen!

Vanillecreme [ab 6 Monaten]

Das Rezept von Großmutter, aktualisiert für die Mikrowelle, einfach, schmackhaft und in Null Komma nichts fertig.

Rezept für 3 Personen
Vorbereitung: 5 Minuten
Kochzeit: 8 Minuten

- ¼ Liter Milch
- 1 aufgeschnittene Vanilleschote
- 2 Eigelb
- 30 g Zucker

Erhitzen Sie die Milch mit der Vanille 2 ½ Minuten in der Mikrowelle. Schlagen Sie das Eigelb mit dem Zucker im Mixer schaumig, bis die Mischung weißlich wird. Rühren Sie ganz langsam etwas von der heißen Milch hinein, gießen Sie die Mischung dann in den Rest der heißen Milch zurück und schlagen Sie sie kräftig mit einem Schneebesen durch. Rühren Sie diese Creme durch ein feines Sieb und verteilen Sie sie in kleine Auflaufförmchen. Garen Sie diese 5 Minuten in der Mikrowelle auf der Programmstufe 30 % (Auftauen): Die Creme muß außen herum fest und im Innern halbflüssig sein. Nehmen Sie die Töpfchen aus dem Herd und stellen Sie sie für mindestens 2 Stunden in den Kühlschrank.

Geben Sie Ihrem Baby löffelweise davon, als Dessert oder als Nachmittagsmahlzeit. Es gibt hierfür keine festgelegte Menge, machen Sie die von seinem Appetit abhängig.

Karamelisierte Vanillecreme [ab 6 Monaten]

Rezept für 3 Personen
Vorbereitung: 10 Minuten
Kochzeit: 8 Minuten

- ½ Liter Milch
- 1 aufgeschnittene Vanilleschote
- 70 g Zucker
- 3 Eier
- 2 Eßlöffel Maizena

Karamel:
- 50 g Zucker
- 1 Eßlöffel Wasser

Geben Sie in eine hitzebeständige Glasform 50 g Zucker und einen Eßlöffel Wasser. Lassen Sie dies in der Mikrowelle bei maximaler Leistung 2½ Minuten karamelisieren. Achten Sie darauf, daß der Zucker nicht zu hart wird.

Erhitzen Sie die Milch mit der Vanille 4 Minuten bei maximaler Leistung in der Mikrowelle, bis sie zu kochen beginnt.

Schlagen Sie die Eier, zusammen mit den 70 g Zucker und dem Maizena. Gießen Sie nach und nach unter ständigem Rühren die heiße Milch zu dieser Mischung.

Filtern Sie die Creme durch ein feines Sieb und geben Sie sie in die Form mit dem gebräunten Zucker. Lassen Sie sie 2 Minuten bei maximaler Leistung in der Mikrowelle garen und danach noch einmal 1 ½ Minuten auf Programmstufe 50 % (langsam Kochen oder Schmoren). Lassen Sie die Creme abkühlen, bevor Sie sie aus der Form stürzen.

Geben Sie Ihrem Baby löffelweise davon, als Dessert oder als Nachmittagsmahlzeit. Es gibt hierfür keine festgelegte Menge, richten Sie sich nach seinem Appetit.

Winnies Eierschaum [ab 9 Monaten]

Eine leckere Creme mit Honig, auf der diese netten kleinen Inselchen aus Eiweißschaum schwimmen.

Rezept für 3 Personen
Vorbereitung: 5 Minuten
Kochzeit: 5 Minuten

- ¼ Liter Milch
- 3 Teelöffel Honig
- 1 aufgeschnittene Vanilleschote
- 3 Eier
- 20 g Kristallzucker
- 30 g Puderzucker
- Salz

Erhitzen Sie Milch, 1 Teelöffel Honig und die Vanilleschote 2 ½ Minuten in der Mikrowelle. Währenddessen trennen Sie Eiweiß und Eigelb. Schlagen Sie das Eigelb mit dem Kristallzucker schaumig, bis diese Mischung weiß wird. Verdünnen Sie langsam mit etwas heißer Milch und geben Sie das Ganze dann in die Honigmilch, um alles noch einmal 5 Minuten auf der Programmstufe »Auftauen« (30 %) zu garen.

Rühren Sie während der Kochzeit 3mal (alle 1 ½ Minuten, Sie können Ihr Gerät auf 3mal 1 ½ Minuten programmieren) mit einem Schneebesen um. Die Creme sollte nicht kochen.

Schlagen Sie das Eiweiß mit einer kleinen Messerspitze Salz und dem Puderzucker zu Eischaum. Bilden Sie mit Hilfe eines Eßlöffels kleine Schneeberge mit dem Eischaum, die sie mit etwas Abstand zueinander auf einem Teller anordnen. Lassen Sie sie 1 Minute backen und setzen Sie sie auf die abgekühlte Creme. Lassen Sie noch die restlichen 2 Teelöffel Honig darüberlaufen und fertig.

Geben Sie Ihrem Baby löffelweise davon, als Dessert oder als Nachmittagsmahlzeit. Es gibt hierfür keine festgelegte Menge, richten Sie sich nach seinem Appetit.

Milchreis [ab 6 Monaten]

Um Milchreis zu kochen, sollte man nicht »irgendeinen« Reis verwenden. Wenn man diese Nachspeise liebt, braucht man den Reis mit den großen, runden Körnern.

Rezept für 3 Personen
Vorbereitung: 3 Minuten
Kochzeit: 28 Minuten

- 2 Tassen Milchreis
- ½ Liter Milch
- 1 aufgeschnittene Vanilleschote
- 50 g Zucker
- 1 Ei
- Meersalz

Vermischen Sie in einer mikrowellengeeigneten Schüssel Milch und Reis und geben Sie die Vanilleschote dazu. Lassen Sie dies in der Mikrowelle 3 Minuten bei maximaler Leistung kochen. Rühren Sie den Zucker hinein. Lassen Sie das Ganze noch einmal 10 Minuten auf der Programmstufe 50 % kochen (langsam Kochen oder Schmoren). Schalten Sie den Backofen auf 220 Grad.

Verschlagen Sie ein Ei mit einem Löffel kalter Milch und rühren Sie dies am Ende der Kochzeit unter die Zubereitung. Geben Sie alles in eine Backform und lassen Sie es 15 Minuten im Backofen bräunen.

Geben Sie Ihrem Baby löffelweise davon, als Dessert oder als Nachmittagsmahlzeit. Es gibt hierfür keine festgelegte Menge, richten Sie sich nach seinem Appetit.

Hühnermilch [ab 6 Monaten]

Die Hühnermilch, einfach und sehr lecker, ist eine besonders kräftigende Speise für Groß und Klein. Bereiten Sie sie als Zweites Frühstück um 10 Uhr, als Nachmittagsmahlzeit oder an kalten Winterabenden.

Rezept für 3 Personen
Vorbereitung und Kochzeit: 5 Minuten

- 3 kleine Schälchen Milch
- 2 Eigelb
- 3 Eßlöffel Zucker

Bringen Sie die Milch zum Kochen. Schlagen Sie die Eier und den Zucker mit einem Schneebesen schaumig. Geben Sie nach und nach die heiße Milch dazu. Gießen Sie das Ganze durch ein Sieb. **Das Baby** kann 100 g davon aus seinem Fläschchen trinken.

Variationen
Je nach Inspiration können Sie: den Zucker durch **Honig** ersetzen, eine **Vanille**schote hinzufügen, **Zimt** darüberstreuen oder die Hühnermilch mit einigen Tropfen **Orangenblütenwasser** abschmecken.

Crème au Chocolat [ab 9 Monaten]

Rezept für 3 Personen
Vorbereitung: 10 Minuten
Kochzeit: 10 Minuten

- 100 g Zartbitterschokolade
- ¼ Liter Milch
- 3 Eßlöffel Maizena
- 2 Eigelb
- 30 g Zucker

Geben Sie die Schokolade zusammen mit einem Glas Milch in eine Schale und schmelzen Sie sie 1 ½ Minuten bei maximaler Leistung in der Mikrowelle.

Lösen Sie in einer kleinen Schüssel das Maizena in 2 Eßlöffeln kalter Milch auf. Verrühren Sie die geschmolzene Schokolade zu einer Paste und rühren Sie den Rest der Milch mit einem Schneebesen darunter. Bringen Sie dies 3 Minuten lang zum Kochen.

Vermischen Sie Zucker und Eigelb. Rühren Sie beides mit etwas heißer Schokoladenmilch an und gießen Sie diese Mischung dann in die Schale, fügen Sie das Maizena hinzu und verrühren Sie alles mit dem Schneebesen. Filtern Sie das Ganze durch ein feines Sieb und verteilen Sie es auf kleine Backförmchen. Lassen Sie die Schokoladencreme 5 Minuten bei 30 % der Gesamtleistung (Auftauen) in der Mikrowelle garen: Die Creme sollte außen herum fest und in der Mitte dickflüssig sein. Nehmen Sie die Förmchen aus dem Herd, lassen Sie sie abkühlen und stellen Sie sie für mindestens 2 Stunden in den Kühlschrank.

Leichte Speisen mit mehr Früchten und weniger Zucker – sie leben hoch!

Geriebene Äpfel mit Zimt [ab 6 Monaten]

Meine Mutter gab mir immer geriebenen Apfel, wenn ich zuviel Schokolade gegessen hatte. »Der Apfel ist der beste Hausarzt.« Er wirkt blutreinigend, durstlöschend und ist ein ausgezeichneter Nachtisch.

Rezept für 3 Personen
Vorbereitung: 5 Minuten

- 4 Äpfel (Goldrenette, Boskop oder Cox Orange)
- ½ Zitrone
- Zimt

Vierteln Sie die Äpfel, schälen, entkernen und reiben Sie sie auf einer groben Reibe. Gießen Sie dann den Zitronensaft darüber, damit die Äpfel nicht braun werden. Sollten sie etwas säuerlich sein, geben Sie ein wenig braunen Zucker dazu. Verteilen Sie alles auf kleine Schälchen und streuen Sie etwas Zimt darüber.

Kompott aus Äpfeln und Birnen mit Vanille [ab 4 Monaten]

Rezept für 3 Personen
Vorbereitung: 10 Minuten
Kochzeit: 5 Minuten

- 3 Äpfel (Renetten, Boskop)
- 2 Birnen
- 1 Zitrone
- 1 Päckchen Vanillezucker
- 30 g geraspelte Mandeln oder Pinienkerne für die Erwachsenen

Vierteln Sie Äpfel und Birnen, schälen und entkernen Sie sie. Geben Sie ein paar Tropfen Zitrone darüber, damit die Früchte nicht braun werden. Garen Sie sie in einer zugedeckten Schale 5 Minuten bei maximaler Leistung in der Mikrowelle.

Zerkleinern Sie in Ihrem Mixer die gekochten Früchte zusammen mit dem Vanillezucker zu Kompott. Verteilen Sie das Kompott auf die Dessertschalen, lassen sie es lauwarm werden und streuen Sie die geraspelten Mandeln oder, für die Erwachsenen, die Pinienkerne darüber.

Schnelles Apfelkompott [ab 4 Monaten]

Um das Baby den unverfälschten Geschmack gekochter Äpfel entdecken zu lassen, ohne Mätzchen und ohne Zucker: Hier ein besonders einfaches Rezept.

Rezept für 3 Personen
Vorbereitung: 1 Minute
Kochzeit: 2 ½ Minuten

Vierteln Sie 3 Äpfel, schälen und entkernen Sie sie. Garen Sie sie 2½ Minuten in der Mikrowelle und pürieren sie im Mixer. Fertig. Lassen Sie das Kompott vor dem Auftragen ein wenig abkühlen.

Ab 5 Monaten können Sie für eine etwas reichhaltigere Mahlzeit am Nachmittag etwas Quark hinzufügen.

Kompott aus Rhabarber und Birnen [ab 9 Monaten]

- 500 g Rhabarber
- 3 Birnen
- 100 g brauner Zucker
- Meersalz

Erhitzen Sie in einem Topf leicht gesalzenes Wasser.

Waschen Sie den Rhabarber. Schneiden Sie die Stangen kurz unter den Blättern ab, entfernen Sie die feine Haut und schneiden Sie die Stangen in kleine Stücke von 1 cm Länge. Legen Sie die Stücke für eine halbe Minute in kochendes Wasser, um deren Säure ein wenig zu verringern. Lassen Sie den Rhabarber abtropfen, legen Sie ihn auf einen Teller, zuckern und decken Sie ihn zu. Garen Sie ihn 5 Minuten in der Mikrowelle bei maximaler Leistung.

Vierteln Sie die Birnen, schälen und entkernen Sie sie. Geben Sie die Birnen zum Rhabarber dazu und garen Sie beides zusammen weitere 4 Minuten bei maximaler Leistung. Wenn die Früchte zuviel Saft abgegeben haben, gießen Sie ihn ab und bewahren ihn auf, um damit beispielsweise später einem Joghurt mehr Geschmack zu verleihen. Geben Sie die Früchte in den Mixer und pürieren Sie sie. Verteilen Sie das Kompott auf Dessertschälchen und servieren Sie kalt.

Um dieses Gericht in einem normalen Topf zuzubereiten, fügen Sie ein Glas Wasser zum Rhabarber hinzu. Lassen Sie ihn 30 Minuten kochen und rühren Sie hin und wieder um. Geben Sie die Birnen nach der Hälfte der Zeit dazu.

Gebackene Äpfel mit Orangensaft und Zimt [ab 9 Monaten]

Rezept für 3 Personen
Vorbereitung: 10 Minuten
Backzeit: 25 Minuten

- 1 Apfel fürs Baby (Renette oder Boskop)
- 1 oder 2 Äpfel nach Belieben für die Großen
- 20 g brauner Zucker
- 1 Orange
- 1 Zimtstange

Entfernen Sie die Stiele von den Äpfeln. Schälen Sie mit Hilfe eines Kartoffelschälers oder Apfelentkerners aus der Mitte des Apfels den spelzigen Teil mit den Kernen heraus, so daß Sie eine schöne kreisrunde Höhlung erhalten. Legen Sie die Äpfel in einer backofenfesten Form dicht aneinander und gießen Sie den Orangensaft in die Höhlungen der Äpfel. Streuen Sie den braunen Zucker und den abgeriebenen Zimt darüber. Backen Sie die Äpfel im Backofen bei niedriger Temperatur 20 Minuten. Servieren Sie sie warm.

Birnen im Schnellkochtopf [ab 8 Monaten]

Rezept für 3 Personen
Vorbereitung: 5 Minuten
Kochzeit: 10 Minuten

- 5 kleine feste Birnen
- 1 aufgeschnittene Vanilleschote
- 70 g brauner Zucker
- Saft von 2 Zitronen
- Zimt

Schälen Sie die ganzen Birnen, ohne den Stiel zu entfernen. Legen Sie sie in den Schnellkochtopf. Geben Sie Zucker, Vanilleschote und den Zitronensaft hinein. Würzen Sie mit Zimt. Verschließen Sie den Topf und lassen Sie die Birnen 10 Minuten garen. Stellen Sie sie aufrecht in eine Kompottschale und begießen Sie sie mit ihrem eigenen Saft.

Servieren Sie kalt.

Um dieses Gericht in einem normalen Topf zuzubereiten, müssen Sie die Birnen 30 Minuten kochen.

Pfirsichcocktail mit Pfefferminz [ab 8 Monaten]

Rezept für 3 Personen
Vorbereitung und Kochzeit: 15 Minuten

- 4 Pfirsiche
- 1 Bündelchen frische Minze
- 30 g brauner Zucker
- ¼ Liter Wasser

Waschen Sie die Minze. Enthäuten, entkernen und vierteln Sie die Pfirsiche. Legen Sie sie auf einen Teller, geben Sie das Wasser dazu, einen Pfefferminzzweig und den braunen Zucker. Bedecken Sie den Teller und garen Sie das Ganze 4 Minuten bei maximaler Leistung in der Mikrowelle. Gießen Sie den Sirup ab. Geben Sie die Pfirsiche in großen Stücken in Cocktailgläser und begießen Sie sie mit ihrem Saft. Garnieren Sie sie mit frischen Minzeblättern. Servieren Sie die Pfirsiche für die Erwachsenen kalt, **das Baby** mag sein Dessert oft lieber, wenn es noch etwas warm ist.

Erdbeere
Kirsche
Weintraube
Pfirsich

Schmelzend zarte Ananas [ab 8 Monaten]

Ann bereitet dieses Rezept häufig für ihre kleine Tochter zu, die es über alles liebt, eine weich gekochte Ananasscheibe in die Hand zu nehmen und stundenlang daran zu saugen. Deswegen sieht Ann für diesen Nachtisch auch immer... ein besonders hübsches Lätzchen vor.

Rezept für 3 Personen
Vorbereitung: 10 Minuten
Kochzeit: 5 Minuten

- 1 kleine Ananas, frisch und sehr reif
- 1 aufgeschnittene Vanilleschote
- 2 Eßlöffel brauner Zucker
- 2 Glas Wasser

Bereiten Sie die Ananas vor: Schneiden Sie Ober- und Unterseite ab (die kleine Palme vom Kopf der Ananas steht danach in einem hübschen mit Wasser gefüllten Glas auf Papas Schreibtisch), schälen Sie ebenso die gesamte Rinde mit Hilfe eines sehr scharfen Messers ab. Schneiden Sie die Ananas in fingerdicke Scheiben. Trennen Sie mit einem kleinen Messer das Herz aus der Mitte jeder Scheibe heraus und werfen Sie es weg.

Erhitzen Sie in einer Pfanne Wasser, Zucker und Vanille. Wenn das Wasser siedet (der Sirup darf nicht karamelisieren), legen Sie die Scheiben in einer einzigen Lage hinein und lassen Sie sie auf jeder Seite 2 bis 3 Minuten garen. Servieren Sie die Scheiben warm, mit dem Vanillesirup übergossen.

Crumble Marie [ab 15 Monaten]

Eine Art anglo-normannisches Fruchtgratin, warm und mit Vanillesauce oder Schlagsahne serviert. Ein Dessert, so einfach und gut, daß es eine Sünde ist.

Rezept für 3 Personen
Vorbereitung: 10 Minuten
Backzeit: 25 Minuten

- 1 Kilogramm Früchte (Äpfel und Birnen)
- 75 g Butter
- 1 kleines Schälchen Mehl
- 1 kleines Schälchen Zucker
- 1 Messerspitze geriebener Zimt

Schälen und schneiden Sie die Früchte in große Stücke. Legen Sie sie in eine schöne runde Backform. Heizen Sie den Backofen auf 200–220 Grad vor.

Geben Sie Butter, Zucker und Mehl in eine Schüssel und vermengen Sie alles so lange mit den Händen, bis die Mischung nicht mehr an Ihren Fingern kleben bleibt und eine streuselartige Konsistenz bekommt. Fügen Sie, falls nötig, ein wenig Mehl und Zucker hinzu. Streuen Sie die Streusel über die Früchte und schieben Sie das Blech in den Ofen. Backen Sie 25–30 Minuten bei 200–200 Grad. Das Crumble ist gut gelungen, wenn die Streusel eine schöne goldbraune Färbung haben. Sie können während des Backens etwas Wasser über die Äpfel geben, falls Ihnen das Gratin zu trocken erscheint. Niemals jedoch über Birnen oder Aprikosen, weil dies äußerst wasserhaltige Früchte sind.

Prima Vorschlag:
Im Sommer, während der Aprikosensaison, mischen Sie einige Aprikosen unter die Äpfel. Wunderbar!

Mousse au Chocolat [ab 15 Monaten]

Nicht sehr leicht, zugegeben! Das Rezept jedoch, das ich Ihnen vorschlage, ist glücklicherweise weniger süß als die handelsüblichen Produkte. Als Ausnahme gewissermaßen kann diese

Delikatesse auf dem Speiseplan des Babys stehen. Sie sollten an diesem Tage nur darauf achten, daß Sie ihm nichts anderes Schweres zu verdauen geben.

Rezept für 3 Personen
Vorbereitung: 15 Minuten

- 100 g Zartbitterschokolade
- 4 Eier
- 1 Orange
- 50 g Butter
- 50 g Kristallzucker
- 1 Messerspitze Salz

Pressen Sie die Orange aus, filtern Sie sie durch ein sehr feines Sieb und schütten Sie den Saft in eine kleine Schüssel. Geben Sie den Zucker dazu und erwärmen Sie das Ganze 30 Sekunden auf höchster Stufe in der Mikrowelle. Wenn der Zucker geschmolzen ist, geben Sie die Butter dazu, rühren alles gründlich um und stellen es zur Seite.

Lassen Sie die Schokolade in einem Napf 1 Minute lang in der Mikrowelle bei maximaler Leistung schmelzen. Rühren Sie die geschmolzene Schokolade mit einem Holzlöffel zu einer Paste, geben Sie die Orangencreme dazu und verrühren Sie alles sorgfältig. Das Ganze muß zu einer homogenen, steifen Creme eindicken. Trennen Sie das Eiweiß vom Eigelb. Geben Sie das Eigelb in die Schokoladencreme und rühren Sie erneut um.

Schlagen Sie das Eiweiß mit einer kleinen Messerspitze Salz zu einem festen Schaum. Rühren Sie den Schaum sehr vorsichtig unter die Creme. Voilà, die Mousse au chocolat ist fertig.

Servieren Sie kalt, aber nicht halbgefroren für das Baby. **Nehmen Sie seine Portion ½ Stunde vor der Mahlzeit aus dem Kühlschrank.** Ein paar kleine Löffel sind genug.

Kuchen für die Festtage!

Vier-Viertel [ab 15 Monaten]

Der einfachste Kuchen der Welt.

Rezept für 3 Personen
Vorbereitung: 10 Minuten
Backzeit: 30 Minuten

- 3 Eier (von je ca. 60 g)
- 180 g Zucker
- 180 g Mehl
- 180 g Butter

Verrühren Sie mit Ihrem Mixer die 3 Eigelb und den Zucker, bis Sie eine Mischung erhalten, die hell und cremig ist. Geben Sie nach und nach Mehl und die weiche Butter dazu, indem Sie gleichmäßig weitermixen. Schlagen Sie das Eiweiß zu festem Schnee und ziehen Sie ihn vorsichtig unter die Zubereitung. Streichen Sie eine runde, hohe Napfkuchenform (mit dem Loch in der Mitte) mit Butter aus und geben Sie den Teig hinein. Backen Sie 30 Minuten bei 180 Grad. Um zu überprüfen, ob der Kuchen fertig ist, stechen Sie mit einem Messer hinein. Ziehen Sie die Klinge trocken heraus, können Sie den Ofen abstellen, ist sie jedoch feucht-verschmiert, muß der Kuchen noch etwas länger backen.

Schnelle Variante: Geben Sie alle Zutaten in der gegebenen Reihenfolge in die Küchenmaschine, fügen Sie ½ Tütchen Hefe hinzu. Der gleiche Backvorgang.

Variationen (ab 15 Monaten)
Zum vorhergehenden Rezept können Sie, nach Lust und Laune, folgendes hinzufügen:

- die geriebene Schale einer unbehandelten **Zitrone**
- die geriebene Schale einer unbehandelten **Orange**
- den Extrakt einer **Vanille**schote
- 1 Eßlöffel **Mandel**splitter
- 1 Eßlöffel **Kokos**raspel
- Stücke von frischen **Früchten**

Boubelech von Sophie

(kleine leichte Beignets aus ungesäuertem Brotmehl) [ab 15 Monaten]

Das ist knusprig, leicht, schnell, nicht teuer, und... koscher!

Rezept für 3 Personen
Vorbereitung und Backzeit: 20 Minuten

- 100 g Mehl für ungesäuertes Brot (Matze)
- 3 Eier
- 4 Eßlöffel Zucker
- Meersalz
- 4 Eßlöffel Sonnenblumenöl

Trennen Sie Eiweiß und -gelb voneinander. Schlagen Sie das Eiweiß mit einer Messerspitze Salz zu einem festen Schnee. Vermischen Sie sorgfältig Eigelb und Zucker. Geben Sie das Mehl dazu, um eine dickflüssige Creme zu erhalten. Verlängern Sie, wenn nötig, mit Wasser und ziehen Sie vorsichtig den Eischnee darunter.

Erhitzen Sie in einer Pfanne 4 Eßlöffel Sonnenblumenöl. Geben Sie den Teig löffelweise in das heiße Öl. Lassen Sie die Beignets jeweils eine Minute von beiden Seiten leicht braun werden. Nehmen Sie sie dann aus der Pfanne und legen sie auf Küchenpapier trocken. Streuen Sie Zucker darüber.

Sahnebaisers in 5 Variationen [ab 15 Monaten]

Als ich entdeckt habe, mit welcher Leichtigkeit man diese kleinen Leckereien in der Mikrowelle zubereiten kann, habe ich nie mehr das in Rezepten, in denen nur das Eigelb gefragt war, nicht benutzte Eiweiß weggeschüttet. Gewiß, es ist ein sehr süßes Dessert, und man sollte nicht zuviel davon essen, es ersetzt jedoch auf vorteilhafte Weise Bonbons und Plätzchen.

Rezept für 3 Personen
Vorbereitung: 5 Minuten
Backzeit: 2 ½ Minuten

- 150 g Puderzucker
- 1 Eiweiß

Aroma nach Wahl:

- 3 Tropfen Vanilleextrakt
- 2 Tropfen Bittermandelöl
- 1 Eßlöffel koffeinfreier Kaffee
- 1 Messerspitze Zimt

Verrühren Sie Eiweiß und Puderzucker mit einem Rührlöffel. Geben Sie nach Wunsch eins der 5 Aromata dazu. Legen Sie die Masse in walnußgroßen Kugeln auf Backpapier aus. Backen Sie sie 2 ½ Minuten in der Mikrowelle bei maximaler Leistung.

Verlorenes Brot mit Mandeln oder Kokos [ab 15 Monaten]

Für die kleine Nachmittagsmahlzeit eine preiswerte Idee, für die sich Kinder begeistern und die so gut nach Crêpe riecht.

Rezept für 3 Personen
Vorbereitung: 2 Minuten

Kochzeit: 3 Minuten in der Mikrowelle
+ 5 Minuten in der Pfanne

- 5 Scheiben trockenes Weißbrot
- 2 Eier
- ½ Liter Milch
- 1 Eßlöffel Butter
- 1 Eßlöffel Sonnenblumenöl
- 2 Eßlöffel Mandelsplitter oder Kokosraspel
- 1 Messerspitze Zimt
- Honig oder Zucker

Schlagen Sie die Eier unter Zugabe der Milch, fügen Sie Mandelsplitter oder Kokosraspel und den Zimt hinzu, gießen Sie diese Mischung über die Brotscheiben in einer kleinen Schale, die gerade groß genug ist für die 5 Scheiben. Bedecken Sie dies mit Frapan-Folie oder mit einem Deckel und schieben Sie es 3 Minuten bei maximaler Leistung in die Mikrowelle. Die Brotscheiben sind jetzt weich und zart und tropfen nicht mehr.

Erhitzen Sie Butter und Öl in einer Pfanne und braten Sie das Brot einige Sekunden lang von jeder Seite goldbraun, das ist alles! Knusprig und lecker!

Servieren Sie mit Honig, braunem Zucker oder geriebener Schokolade.

Das Öl verhindert, daß die Butter beim Erhitzen braun wird, und macht sie obendrein bekömmlicher.

Wenn Sie keine Mikrowelle haben, müssen Sie das trockene Brot mindestens ½ Stunde einweichen, bevor Sie es braten.

Madeleines [ab 12 Monaten]

Rezept für 3 Personen
Vorbereitung: 10 Minuten
Backzeit: 12 Minuten
Material: 1 Backblech für Madeleines

Für 12 Madeleines
- 100 g Butter
- 100 g Puderzucker
- 50 g Mehl
- 50 g gemahlene Mandeln
- 3 große Eiweiß
- 1 Teelöffel Honig (Orangenblütenhonig beispielsweise)

Streichen Sie das Madeleines-Blech mit Hilfe eines Pinsels mit Butter ein und stäuben Sie Mehl darüber. Schütteln Sie die Platte, um das Mehl gut zu verteilen und überschüssiges zu entfernen. Lassen Sie die Butter 1 Minute lang in der Mikrowelle schmelzen.

Mischen Sie Mehl, Zucker und gemahlene Mandeln. Fügen Sie das Eiweiß hinzu und arbeiten Sie den Teig mit einem Schneebesen gut durch, so daß er glatt wird. Ziehen Sie die geschmolzene Butter und den Honig darunter. Heizen Sie den Backofen auf 160 Grad vor. Geben Sie den Teig in die Förmchen des Madeleines-Blechs. Lassen Sie ihn bei niedriger Hitze 10 bis 12 Minuten backen. Nehmen Sie danach die fertigen Madeleines möglichst bald aus den Förmchen heraus.

Madeleines können mehrere Tage lang in einem luftdicht verschlossenen Behälter aufbewahrt werden.

Die Kinderärztin erhält das Wort

Dr. Marion Elissalt

Als ich Marie Binet, Roseline Jadfard und ihr Buchprojekt kennenlernte, da dachte ich mir, ich werde diesen kleinen gastronomischen Schatz voller Humor, voller Ideen und herrlicher Rezepte aus der Sicht der Kinderärztin noch etwas nachsalzen. Ich hatte darum Gelegenheit, noch ein paar vernünftige Ratschläge beizusteuern, vor allem für die Kleinen bis zu drei Monaten und manchmal bis zu einem Jahr.

Hier also das, was ich den jungen Eltern gerne sagen möchte, um dieses Buch zu vervollständigen. Ich greife dabei auf die Erfahrungen von 20 Jahren medizinischer Praxis in Kinderkrippen und 15 Jahren kinderärztlicher Praxis in Paris zurück.

Martine Reine und die Mannschaft der Kinderkrippe Vaugirard, die klinischen Kinderärzte, die meine Lehrmeister und ebenso kompetent als Kliniker wie als Wissenschaftler waren, und Françoise Dolto, die meine Generation von Kinderärzten gelehrt hat, daß auch das Wort Bestandteil der menschlichen Ernährung ist, und zwar an ganz wichtiger Stelle, sie alle gaben mir die Möglichkeit, auf diesem Gebiet von ihnen zu lernen. Ich möchte die Bedeutung des Essens in der Beziehung zwischen Eltern und Kind unterstreichen und auf die Risiken des Ekels durch Übertreibung und Überfütterung von Kindern hinweisen.

Der Appetit eines gesunden Kindes ist abhängig von Gewicht und Größe. Eine Studie des Staatlichen Instituts für Gesundheit und medizinische Forschung* hat gezeigt, daß ein kleines, dünnes Kind in vier Mahlzeiten alles bekommt, was es braucht – weniger als ein großes und dickliches Baby – unter der Vor-

* Diese Studie wurde von Dr. E. Davidson bei einer großen Anzahl von Kindern aus Krippen und Vorschulen von 0 bis 5 Jahren durchgeführt.

aussetzung, daß diese Nahrung ausgewogen und vielseitig ist. Der Appetit hängt auch von Größe und Korpulenz der Eltern ab. Die Großen und Starkgebauten essen stets genug von allem, in Frankreich wie in allen andern reichen Ländern.

Andererseits kann **Magerkeit bei Kindern** bis zu zwei Jahren und selbst bis zu 18 Jahren darauf hinweisen, daß ihnen Proteine, Calcium und Vitamine fehlen, ihre Ernährung also nicht vielseitig und ausgewogen ist. Dies gilt folglich auch für die kleinen Mageren, die nie hungrig sind, weil wir sie immer zum Essen zwingen – weil wir möchten, daß sie groß und stark werden, während sie die Anlage haben, klein und dünn zu bleiben wie einige ihrer Vorfahren. All diesen Kindern sollte man bis zu einem Jahr, manchmal gar bis zu 6 Jahren, keine gezukkerte Nahrung vor oder während der Mahlzeit geben, auch nicht literweise Fruchtsaft oder gezuckerte Limonaden. Denn in diesem Alter will man immer Zucker, und so etwas bringt zwar Kalorien, ist aber eben nur Zucker mit einigen Vitaminen und Farbstoffen. Wenn Ihr Kind nach der Mahlzeit noch Hunger hat, geben Sie ihm frisches Obst oder einen kleinen pikanten Snack: Brot, Käse oder ein wenig Rohkost.

Keine Trinkfläschchen mit Mehl, denn das entspricht bei einem einjährigen schlanken Kind der Kalorienration für 48 Stunden, ist aber nicht ausgewogen im Fettgehalt, an Proteinen, Kohlenhydraten, mineralischen Salzen und Vitaminen. Kekse, Bonbons und Kuchen bleiben später Geburtstagen und festlichen Anlässen vorbehalten.

Tiefgefrorenes und Konserven sind gut, nicht teuer, einfach zuzubereiten und leicht mit frischen Produkten zu verbinden. **Die kleinen Gläschenmahlzeiten** sind auch in Ordnung, helfen aber nicht, sich ans Kauen zu gewöhnen. Sie sind nützlich auf Reisen, beim Camping und für übermüdete Mütter.

Kräuter: Vorsicht, keine medizinischen Kräuter vor dem 6. Monat. Kräuter sind Grundstoffe für alle Heilmittel dieser Welt, manche unter ihnen lassen das Herz des kleinen Säuglings zu schnell schlagen, andere machen schläfrig oder rufen Verdauungsstörungen hervor...

Besonderheiten: Manche Kinder haben aus genetischen, geographischen oder familiären Gründen stärker als der Durchschnitt eine »Neigung«... zu **Durchfall** beispielsweise, wegen unzureichender Produktion von Lactase (dem Enzym, das die Milch verdaut)*, oder zu einer **Kuhmilch-Allergie**, weil das Darmsystem noch nicht ausgereift ist. Ich spreche hier nicht von der generellen Allergie, die sehr selten vorkommt. Jenen Kleinkindern (bis zu 3–9 Monaten), die in den reichen Ländern zu solchen Besonderheiten neigen, gibt man ausgeklügelte Milchsurrogate, die sehr teuer sind und in Apotheken und gutsortierten Supermärkten verkauft werden. Danach, bis zu zwei Jahren, wird das nötige Calcium etwa vom Joghurt geliefert, von Quark oder Frischkäse, von Soja (aber Vorsicht bei Soja-Allergie, die allerdings selten ist), von Fisch und Eiern...

Unsere beiden Autorinnen haben auch an diese Kinder gedacht, indem sie Rezepte mit pflanzlicher Milch vorschlagen.

Engagiert und kenntnisreich steht *Drei Teller und ein Baby* jungen Eltern zur Seite, die bei ihrem ersten Kind nicht selten ratlos sind. Hier können sie die Freuden einer ausgewogenen und vielfältigen Ernährung für ihr Kind entdecken. Zur Zeit der Großfamilie machte man das noch so: Man gab Babys stets alles zu probieren. Selbst einen Tropfen Champagner auf die Zunge anläßlich der eigenen Taufe, und dazu gab es, zumindest bis zum Ende des 3. Monats, die Mutterbrust, das »château maternel«.

Marie Binet und Roseline Jadfard vereinen in ihrem originellen Kochbuch traditionsreiche Rezepte von gestern und Neuschöpfungen von heute, eine Küche, die dem heutigen Leben und der modernen Diätetik gerecht wird.

* Es ist bekannt, daß die Lactase bei Nordländern und Angelsachsen reichlich, bei Asiaten und der Bevölkerung des Mittelmeerraums hingegen wenig produziert wird; diese trinken wenig oder überhaupt keine Milch. Sie verzehren allerdings Milchprodukte aus gesäuerter Milch wie Kefir oder Joghurt.

Inhalt

Steven Lewis

Zen und die Kunst der Vaterschaft

256 Seiten. Geb. Aus dem Amerikanischen von Michael Benthack.

Diese Ratschläge eines Vaters zur Erziehung sind geprägt von Liebe und Verständnis und haben die schlichte Weisheit von Zen-Lehrsätzen. Steven Lewis hat das Buch über Vaterschaft schlechthin geschrieben. Ob man demnächst Vater wird oder bereits einer ist: Dieses Buch ist ein wirklicher Begleiter, denn es steckt voller Überraschungen und ist wunderbar vielfältig. Lewis bietet handfeste Ratschläge für die Zeit vor der Geburt bis zu der Zeit, wo die Kinder das Haus verlassen, doch das ist bei weitem nicht alles. »Zen und die Kunst der Vaterschaft« ist gleichzeitig das Buch eines Mannes, der alle Höhen und Tiefen der Vaterschaft durchschritten hat und der weiß, daß ein wirklicher Vater gelegentlich auch Trost und Zuspruch braucht. Und ganz nebenbei lehrt die Lektüre auch viel über Zen und über Weisheit im Alltag eines Vaters. Ein reines Lesevergnügen!

Otto Ernst

Appelschnut

Illustrationen von Wilhelm M. Busch.
176 Seiten. Geb.

Otto Ernst, der Hamburger Dichter und Schriftsteller, hat ein umfangreiches Gesamtwerk hinterlassen. Vieles davon ist vergessen und wird nicht mehr nachgedruckt, aber das Buch über seine Tochter Senta Regina, genannt »Appelschnut«, begeistert seit über neunzig Jahren seine Leser.
Ein Kinderbuch? Vielleicht auch. Eher wohl ein Erinnerungsbuch über die Kindheit für Erwachsene, das auch Kinder lesen können. Das Erlebnis einer Kindheit im Hamburg der Jahrhundertwende und die Erkenntnis, daß ein Kind viel Zuneigung und Zeit braucht, die unverändert Gültigkeit hat, machen dieses Buch zum Klassiker. Unvergeßlich bleiben diese Schilderungen eines liebevollen Vaters, der begeistert von den Fortschritten seiner Tochter berichtet, der sich bemüht, ihre kindliche Sprache zu verstehen und der neidvoll anerkennen muß, daß Kinder eine Herzlichkeit und Frische im Umgang mit Menschen und Situationen haben, die dem Erwachsenen abhanden gekommen ist.
Dieses Buch, getragen von einer tiefen Zuneigung für die »kleinen Menschen«, steckt voller Einsichten und Erkenntnisse und ist mit Recht zum Klassiker geworden.

KABEL

Hilke Rosenboom

Die Rezepte, für die man geheiratet wird

144 Seiten. Geb.

Sie haben sich bereits ausgetobt, und es gelüstet Sie nicht mehr nach Männern, die mit einer roten Rose zwischen den Zähnen und Ihnen in den Armen über Tische und Designersofas springen. Sie wollen endlich einen Ehemann, und zwar den besten von allen. Und Sie wollen, daß auch Ihr Herzblatt nichts anderes mehr will, als Sie vor den Traualtar zu führen.

Dieses Buch handelt von grundsoliden Rezepten, die jeden eingefleischten Single zur Zweisamkeit bekehren und jeden Gigolo in einen zahmen Bettvorleger verwandeln. Von Gerichten, die den Mann Ihres Herzens schlichtweg süchtig machen nach einem geruhsamen Leben zu zweit - und zwar mit Ihnen! Daß Sie hier neben nützlichen Tips für die Zubereitung seiner Leibgerichte vor allem nachlesen können, wie Sie ansonsten Ihren Traummann sicher in den Hafen der Ehe lotsen, macht das Buch zu einem Muß für alle weiblichen Singles, die sich vorgenommen haben, zu heiraten.

KABEL